क्रिप्टोकरेंसी और ब्लॉकचैन

भविष्य निवेश का एक संभावित क्षेत्र

संदीप बूरा

ISBN 979-8-88849-648-0

इस किताब को लिखने के लिए मैं अपने माता (कमला देवी) - पिता(सत्यवीर सिंह), पत्नी (निर्मला), हरीश बूरा, परिवार और मित्रों के प्रति उनके स्नेह, समर्थन और प्रेरणा के लिए आभार प्रकट करता हूँ, इन्ही की अंतहीन प्रेरणा और विश्वास से मुझे ये पुस्तक लिखने की ताकत मिली।

मैं यह पुस्तक अपने पिता सत्यवीर सिंह बूरा और बेटे समराज बूरा को समर्पित करता हूँ।

विषयसूची

विशेष धन्यवाद

मेरे सबसे अजीज दोस्त मनोज जांगिड़ को किताब के कवर, ड्राफ्टिंग, प्रूफ रीडिंग और शर्तहीन समर्थन एवं सहयोग के के लिए लिए विशेष धन्यवाद।

सुचेता जांगिड़ को किताब प्रकाशन मे सहयोग के लिए विशेष धन्यवाद। अजीज दोस्त कपिल सोनी और बड़े भाई आशीष जी, पूरन पुरोहित सर को जीवन के हर क्षेत्र मे मार्गदर्शन के लिए विशेष धन्यवाद।

मैंने मेरे निवेश काल मे किताबों से बहुत कुछ सीखा समझा है। उन सभी लेखकों को विशेष धन्यवाद। कुछ You-Tube चैनल से भी बहुत कुछ सीखा समझा है, विशेष रूप से प्रांजल कामरा जी, मुकुल जी (Asset-Yogi) & CA रचना रानाडे जी को विशेष धन्यवाद।

21 वी सदी की शुरुआत में कम्प्युटर के साथ इंटरनेट ने पूरे संसार की काया पलट कर दी थी, उसी तरह पूरी उम्मीद है कि आने वाले समय में ब्लॉक-चैन के साथ क्रिप्टोकरेंसी भी यही ताकत रखता है।

"ज्ञान में निवेश सर्वोत्तम ब्याज देता है।"

– बेंजामिन फ्रैंकलिन

बेंजामिन फ्रैंकलिन के अनुसार, **ज्ञान में निवेश सर्वोत्तम ब्याज देता है** अर्थात् किसी चीज़ का सही और सटीक ज्ञान होना मनुष्य के लिए सर्वश्रेष्ठ प्रतिफल सिद्ध होता है, लेकिन ज्ञान के साथ दूरदर्शिता इस प्रतिफल को कई गुना तक बढ़ा देती है। प्रत्येक मनुष्य अपने उज्ज्वल भविष्य की सुखद संभावनाओं को लेकर चिंतन में प्रवृत्त रहता है, जो कि स्वाभाविक है। यही कारण है कि हम हमेशा भावी पीढ़ी के लिए जितना संभव हो सके,करने का प्रयास करते हैं। उनके भविष्य को सुनिश्चित और सुरक्षित बनाने के लिए हम अपने समस्त जीवन के कठिन परिश्रम से अर्जित पूंजी का निवेश बहुत सोच समझ कर करने का प्रयास करते है। लेकिन विचारणीय तथ्य यह है कि सुरक्षित और अधिक लाभदेय निवेश का स्रोत किसे बनाया जाए? ये एक बड़ी विडंबना है कि आज भी भारत में मुख्यतः बैंक एफ.डी.आर., सोना, पी.पी.एफ. ही निवेश के साधन है। जिनका रिटर्न महंगाई और टैक्स की बढ़ती दर से भी कम है। यद्यपि विगत दो-तीन वर्षों में लोगों ने शेयर बाजार, म्यूचुअल फंड की तरफ अपना ध्यान केन्द्रित किया है। लेकिन हमारे निवेश का प्रतिफल हमारे ज्ञान पर निर्भर करता है इसीलिए यह जानना अत्यंत आवश्यक है कि आपकों कितना, कब, और कहां निवेश करना है। वर्तमान दौर की वास्तविकता है कि आज तकनीकी ने आभासी दुनिया (वर्चुअल वर्ल्ड) और वास्तविक दुनिया (रियल वर्ल्ड) के अंतर को बहुत कम कर दिया है। जिससे निवेश के नए तरीके उभर कर आए है, लेकिन इस निवेश के लिए सही और सटीक जानकारी होना बहुत जरूरी है, बिना जानकारी के

किया गया निवेश बहुत ज्यादा खतरनाक हो सकता है। इसी संदर्भ में क्रिप्टोकरेंसी और ब्लॉकचैन ने लोगों के समक्ष निवेश की अपेक्षित संभावनाओं के अनगिनत द्वार खोल दिये हैं, लेकिन इसके लिए जरूरी है क्रिप्टोकरेंसी और ब्लॉकचैन का सही ज्ञान। तो इसी कड़ी में, शुरू करते हैं क्रिप्टोकरेंसी को सही और सहज तरीके से जानने का सफर:

लेखक के बारे मे

संदीप बूरा पेशे से बैंकर हैं, जिनकी उम्र 32 साल है। वे हरियाणा के प्राकृतिक सौंदर्य की छटा से सुशोभित ग्राम रोढ़ा (तहसील तोशाम, जिला भिवानी) के रहने वाले है। उन्होंने गुलाबीनगरी (जयपुर) के श्रीबालाजी कॉलेज से सूचान प्रौद्योगिकी मे बी.टेक किया और उसके बाद बैंकिंग क्षेत्र को अपने कार्यक्षेत्र के रूप में चुना और विगत 10 वर्षों से बैंकिंग क्षेत्र में कार्यरत है। एक बैंकर होने के नाते उनके लिए वित्त, बाजार और व्यवसाय की उलझनों और अवसरों को समझना आसान हो जाता है और इसी कारण शुरू से ही इनका शेयर बाजार और क्रिप्टोकरेंसी में रुझान रहा है। समय की रफ्तार के साथ उन्होंने निवेश की उदार प्रकृति, इसकी संभावनाओं को जाना, सीखा और समझा। शेयर बाजार की गूढ़ता को जानने के बाद ही इन्होंने क्रिप्टोकरेंसी मार्केट को जानना शुरू किया और जब लगा कि इस क्षेत्र में आने वाले समय में निवेश की असीम संभावनाएं हैं और यहाँ पर आमदनी का स्रोत अत्यंत त्वरित लाभप्रद और विस्तृत है, यदि इसे सही से समझ कर निवेश किया जाये।

प्रस्तावना

आज से एक दशक पहले बहुत कम लोग क्रेडिट कार्ड से वाकिफ थे, आज से दो दशक पूर्व बहुत कम लोग इंटरनेट से वाकिफ थे। वैसा ही रुख है आज क्रिप्टोकरेंसी को ले कर। लेकिन क्रिप्टोकरेंसी के मामले में एक सबसे अच्छी बात यह है कि लोगो ने इसके बारे मे सुना है - किसी ने अच्छा तो किसी ने बुरा। उदाहरण के तौर पर निम्नलिखित अवधारणाएँ व्याप्त हैं -

> **कोई मानता है ये जुआ है।**
> **कोई मानता है ये भविष्य है।**
> **कोई मानता है बिटकॉइन ही क्रिप्टोकरेंसी है।**
> **क्रिप्टोकरेंसी तो सुना है ये ब्लॉकचैन क्या है?**

तो इस किताब का सबसे अहम मुद्दा यह है कि हम क्रिप्टोकरेंसी को सही से समझ पाये और उसके बाद एक सही फैसला ले पाये कि ये हमारे लिए, हमारी आने वाली पीढ़ियों के लिए, समाज के लिए कितना अच्छा या कितना बुरा है। ईमानदारी से कहूँ, तो क्रिप्टोकरेंसी और ब्लॉकचैन को बुरा तो नहीं कहा जा सकता, क्योंकि अब तक मैंने क्रिप्टोकरेंसी को लेकर कई दर्जनों किताबें पढ़ी है, बहुत सारी वीडियोज़ देखी है। उसके बाद ही ये बात मैं आपको बिल्कुल विश्वास के साथ बता सकता हूँ कि आने वाला समय क्रिप्टोकरेंसी और ब्लॉकचैन का है।

लेकिन ये मेरा मत हो सकता है, क्योंकि मैंने इसको जाना समझा है, और यही बात मैं आपसे कहता हूँ। **पहले जाने, समझे, फिर एक सही फैसला ले।**

हम मे से बहुत से लोगो को बचपन से ही किताबें पढ़ने की लत सी लग जाती है, क्योंकि बचपन से एक ही बात आपकों मामा,चाचा,ताऊ सब बताते आए है, कि सही से पढ़ो लिखो, तभी अच्छी नौकरी मिल पाएगी और ज़िंदगी सेट हो पाएगी। लेकिन सत्य का ज्ञान तब होता है, जब नौकरी मिल जाती है। **मुझे ऐसा लगता है कि आप भी ये किताब इसलिए पढ़ रहे है ताकि कही ना कही, किसी न किसी तरह से आप भी ज़िंदगी को बेहतर बनाना चाहते है।**

अभी वापिस टॉपिक पर आते है, हम मे से बहुत से लोग हिन्दी भाषी है और हिन्दी मे पढ़ना लिखना पसंद करते है। जब मैंने क्रिप्टोकरेंसी के बारे में पढ़ना शुरू किया, तो मैंने बहुत से ऑनलाइन स्टोर जैसे अमेज़न, फ्लिपकार्ट आदि देखे लेकिन न के बराबर किताब हिंदी में उपलब्ध थी, जो क्रिप्टोकरेंसी के बारे में एक सही और सटीक जानकारी दे सके। इसके बाद मैंने बहुत सी किताबे पढ़ी औरजिससे मुझे क्रिप्टोकरेंसी और ब्लॉकचैन का सही मतलब पता लगा, और लगा कि जो भी क्रिप्टोकरेंसी और ब्लॉकचैन के अच्छे/बुरे तथ्य है, वो सभी को खास कर, हिन्दी भाषी लोगो को पता होनी चाहिए। तो वो सभी बाते मैं आपके सामने इस किताब के माध्यम से रख रहा हूँ।

तो चलिये हम साथ में मिल कर पूरी कोशिश करेगे, कि इन दोनों विषयो को हम सही से समझ पाए और एक सही निर्णय ले पाए।

शुरू करते है क्रिप्टोकरेंसी/ब्लॉकचैन का ये रोमांचकारी सफर

अपील

हमारे द्वारा इस किताब की भाषा को त्रुटि रहित रखने की पूरी कोशिश की गयी है। फिर भी भाषा संबंधित किसी भी त्रुटि के लिए आप सुझाव भेज सकते है। कही-कही आपको English के शब्द भी मिलेगे ताकि आप टॉपिक को सही तरीके से समझ सके। **लेकिन एक बात मैं आपको पूरे दावे के साथ कह सकता हूँ, कि इस किताब के माध्यम से आप क्रिप्टोकरेंसी/ब्लॉकचैन से जुड़े हर प्रमुख पहलू को सही और सहज तरीके से समझ पायेगे।**

जब मैं किताब लिखने की सोच रहा था, तब मैंने कही पढ़ा कि किताब के शुरू मे आपको ऐसा कुछ लिखना चाहिए जिस से पाठक इसको आखिर तक पढे। तो इसके लिए मैं आपसे इतना ही कहुगा आप एक बार **अध्याय-2 क्रिप्टोकरेंसी ही क्यों?** जरूर पढ़े और इसके बाद अपना आगे बढ़ने का फैसला ले।

दूसरा, हो सकता है आपने क्रिप्टोकरेंसी के बारे मे कही से अच्छा या बुरा कुछ भी सुना हो, एक बार उस जानकारी को साइड मे रखकर खुले दिमाग से आप इस किताब को पढ़े ताकि आप इस विषय को सही से समझ सकें।

इस किताब मे *क्रिप्टोकरेंसी* का प्राइस/डाटा अप्रैल 2022 से सितंबर 2022 के बीच का लिया हुआ है, तो हो सकता है कुछ जगह आपको प्राइस/डाटा मे कुछ उतार चड़ाव मिले।

इस किताब मे कुछ संकेत काम मे लिए है जो इस प्रकार है।

इसमे क्रिप्टोकरेंसी/ब्लॉकचैन संबंधित कुछ रोमांचक तथ्य बताए गए है जिनको बड़ी मेहनत के साथ खोजा गया है।

ये संकेत के आते ही आपको थोड़ा और ज्यादा सावधान हो जाना है और उस बात को बहुत सावधानी से पढ़ना है।

QR Code- किसी टॉपिक के बारे में विडियो जानकारी के लिए स्कैन करें।

अध्याय - 1

क्रिप्टोकरेंसी क्या है?

हाल में समय की बदलती रफ्तार के साथ उससे प्रभावित हुए आर्थिक, सामाजिक और सांस्कृतिक परिवेश में लोग हमेशा नए विकल्प की खोज में रहते हैं, जो उनकी जिंदगी को और भी आसान और नवीनता से भरपूर बना दे। फिर चाहे वो कोई नई तकनीक हो या कोई संसाधन बस अहम शर्त है कि वो हमारी (फास्ट फॉरवर्डिंग लाइफ) भागती हुई जिंदगी से मिलना चाहिए। 'डिजिटलाइजेशन' भी एक ऐसी ही तकनीक है, जिसने इंसान की शारीरिक, भौगोलिक और भौतिक बाधाओं को समाप्त कर दिया है। असल में कहे तो 'डिजिटलाइजेशन' ने संसाधनों तक आम व्यक्ति की पहुँच को और भी अधिक सुलभ बना दिया है और साथ ही भौतिक सुविधाओं में प्रयुक्त होने वाले संसाधनों के असीमित गुण को उभार दिया है। इसी तकनीक का ही परिणाम है कि आज सम्पूर्ण विश्व एकरूपता में सिमट रहा है और इसी एकरूपता को पूरा करने में सबसे अहम भूमिका अदा करती है करेंसी। जो हम सबके जीवन का मुख्य आधार है। **आज की पूंजीवादी (Capitalist) अर्थकेंद्रित (Money Centered) मानसिकता से संचालित जीवन शैली में करेंसी का डिजिटलाइजेशन आज के समय की मांग है जो आधुनिक मनुष्य के जीवन को और भी अधिक व्यापक और अवसरों से समृद्ध बनाता है। इसी डिजिटलाइज्ड दुनिया का हिस्सा है क्रिप्टोकरेंसी और ब्लॉकचैन।**

हम सब ने अपनी क्लास मे पढ़ा है की सबसे पहले चमड़े के सिक्के आए फिर सोने-चाँदी के और उसके बाद कागज की मुद्रा शुरू हुई फिर आए क्रेडिट कार्ड और आज के समय मे हम क्रिप्टोकरेंसी के

बारे मे रोज कुछ न कुछ सुन रहे है, यानि समय और हमारी सहूलियत के हिसाब से मुद्रा मे भी बदलाव होते रहे और आगे भी होते रहेगे। तो इसी बदलाव का परिणाम है क्रिप्टोकरेंसी। **कहने का मतलब है क्रिप्टोकरेंसी मुद्रा का एक उन्नत रूप है।**

क्रिप्टोकरेंसी का शाब्दिक अर्थ समझे तो ये दो शब्दों से मिल कर बना है = क्रिप्टो + करेंसी - अर्थात् एक डिजिटल मुद्रा जो क्रिप्टोग्राफी द्वारा नियंत्रित होती हो। इसकी दो और अहम खासियत है - आम सहमति + विकेन्द्रीकृत।

जैसाकि पहले बताया गया है कि समय की बदलती धारा के अनुकूल मानव प्रगति की ओर उन्मुख होने में सक्षम हुआ है। इसी परिवर्तनशील जीवनशैली व अर्थव्यवस्था में क्रिप्टोकरेंसी, मुद्रा का एक उन्नत रूप है जो आने वाले समय मे मनुष्य के जीवन को काफी सहज और सरल बना सकती है।

अगर बिन्दुवार इसको समझे तो: -

1. क्रिप्टोकरेंसी एक डिजिटल संपत्ति है जिसका उपयोग मौद्रिक लेनदेन वाली मुद्रा (यानि भारतीय रुपये, US डॉलर) के स्थान पर काम मे लिया जा सकता है।

2. **क्रिप्टोग्राफी** के तहत एन्क्रिप्शन और डिक्रिप्शन तकनीकों का उपयोग करके क्रिप्टोकरेंसी अपने आप सुरक्षित करती है।

3. इसमे कोई केंद्रीय नियामक प्राधिकरण नहीं जैसे बैंक, सरकार। इस कारण इसको **विकेन्द्रीकृत** बोलते है।

4. सभी लेनदेन को सत्यापित करने, रिकॉर्ड करने और निगरानी करने के लिए, नई इकाइयों को जारी करने के लिए एक विकेन्द्रीकृत विधि का उपयोग किया जाता है। जिसको **आम सहमति (consensus)** बोलते है।

डिजिटल मुद्रा और क्रिप्टोकरेंसी मे क्या अंतर है?

डिजिटल मुद्रा - हमारे पास जो भी अतिरिक्त पैसा होता है उसको हम अपने बैंक खाता मे रखते है, मान लो आपके पास ₹10000 अतिरिक्त है और वो आपने अपने बैंक मे जमा करा दिए, तो यही ₹10000 आपके खाते मे डिजिटल रूप से स्टोर हो जाते है जिसको हम PAYTM, AMAZON, ZOMATO आदि मे प्रयोग लेते है। ये जो ₹10000 हमारे खाते मे है सिर्फ एक संख्या हैं जो सरकार द्वारा जारी किए गए फिएट मुद्रा यानि भारतीय रुपये द्वारा समर्थित हैं और यह पूरी तरह से उस बैंक द्वारा नियंत्रित किया जाता है। यानि आप बिना बैंक के इसको काम मे नही ले सकते है। जब भी हम कोई भी लेनदेन करते है तो बैंक हमारे प्रत्येक लेनदेन को क्रॉस चेक करते है और अपने केंद्रीकृत बही खाते मे इसको अपडेट करता है। कहने का मतलब है हमारे पास बैंक को बीच मे लिए बिना इस पैसे को स्टोर या ट्रांसफर करने की कोई शक्ति नहीं है, ठीक उसकी तरह बिना केंद्रीय बैंक के फिएट मुद्रा सिर्फ एक कागज का टुकड़ा है। मतलब है डिजिटल मुद्रा हमारी कागजी मुद्रा का एक रूप है जिसको हम ऑनलाइन काम मे लेते है।

क्रिप्टोकरेंसी – एक डिजिटल मुद्रा उस प्रकार की मुद्रा है जो किसी अन्य संपत्ति द्वारा संचालित नहीं होती है और यह पूरी तरह से डिजिटल है (यानि आप इसको पेपर पर नही छाप सकते)। सबसे बड़ी बात इसको स्थानांतरित करने या संग्रहीत करने के लिए किसी तीसरे पक्ष (बैंक/सरकार) के उपर निर्भर नहीं रहना पड़ता है। यानि किसी भी एक आदमी/बैंक/सरकार का इस पर नियंत्रण नही होता है।

2022 तक लगभग 9,500 से अधिक क्रिप्टोकरेंसी अस्तित्व में है, लेकिन शीर्ष 20 सिक्कों का कुल बाजार पूरे क्रिप्टोकरेंसी बाज़ार का लगभग 87% है।

क्रिप्टोकरेंसी क्या है? - विडियो जानकारी के लिए QRcode को स्कैन करे।

अध्याय - 2

क्रिप्टोकरेंसी ही क्यों?

क्रिप्टोकरेंसी के मूल रूप को जानने के बाद सबसे पहले आपको यह पता लगाना होगा कि क्रिप्टोकरेंसी मे ऐसी क्या खास बात है कि इसको जानना जरूरी है। जब भी हम क्रिप्टोकरेंसी के बारे मे सुनते है तो कुछ विचार स्वतः दिमाक में उमड़ते हैं -

- **क्रिप्टोकरेंसी ही क्यों?**
- **क्यों क्रिप्टोकरेंसी को जानना जरूरी है?**
- **क्या क्रिप्टोकरेंसी, फिएट करेंसी को बदल सकता है?**
- **क्या क्रिप्टोकरेंसी, फिएट करेंसी की कमी को पूरा कर सकती है?**

ये बहुत ही साधारण और बुनियादी सवाल है जो क्रिप्टोकरेंसी कों समझने वाले के मन में आ सकते हैं। तो सबसे पहले इन्ही सवालों और इनके जवाबों से रूबरू होते हैं -

दूसरा ये भी है कि किसी भी काम को करने से पहले हम हमेशा ये जानने की कोशिश करते है कि, क्यों उस काम को किया जाये।

उदाहरण के लिए

- अगर मैं आपसे कहूँ, कि मुझे 500 रुपये चाहिए: - आप कहोगे, क्यों?
- अगर मैं आपसे कहूँ कि आपको ये किताब बहुत ध्यान से पढ़नी चाहिए: - आप कहोगे, क्यों?

> ➤ इसी तरह अगर मैं आपको कहूँ कि आपको क्रिप्टोकरेंसी/ ब्लॉकचैन को जानना चाहिए, आप फिर से वही कहोगे, क्यों?

क्रिप्टोकरेंसी को क्यों चुनना चाहिए?

पहला कारण: चलिये इसको एक उदाहरण से समझते है। मान लेते है आपने अपनी ज़िंदगी मे अच्छी शिक्षा ली और खूब मेहनत की और अपनी 60 की उम्र तक आपने लगभग 5 करोड़ की संपति बना ली। उसके बाद आप रिटायर्ड हो गए है और अब आप अपनी बाकी जिंदगी सुकून से जीना चाहते है। तभी आपको सुनने को मिलता है कि सरकार ने या आपके बैंक ने या कुछ नेताओ ने पिछले कुछ सालो मे जाने अनजाने मे कुछ गलतिया की या फिर कुछ विपदा आने के कारण उनको ऐसा करना पड़ा, और फिर सरकार को इस गलती /काम/ विपदा से निपटने के लिए बहुत सी कागजी मुद्रा छापनी पड़ी। सर्वज्ञात है कि सरकार को किसी विपदा से निपटने के लिए बहुत सी कागजी मुद्रा छापनी पड़ती है, लेकिन अगर कोई देश इसको संतुलित नियमन से काम में ना ले तो उस देश की मुद्रा का मूल्य बहुत ज्यादा कम हो जाता है। वित्तीय संकट, महामारी, गलत राजनीति आदि कुछ कारणों से विकसित और विकासशील दोनों देशों के पास अपनी अर्थव्यवस्था को बचाने के लिए अधिक पैसे छापने के अलावा कोई विकल्प नहीं बचता है। अभी हाल ही की बात करे तो कोविड के समय बहुत सी सरकारें ऐसा करने पर मजबूर हुई है।

Photo Source https://www.usatoday.com/in-depth/money/2020/05/12/ coronavirushow-u-s-printing-dollars-save-economy-during-crisis- fed/3038117001/ (accessed -31/08/2022)

Photo Source -https://theprint.in/theprint-essential/economists-expect-rbi-will-print-money-as-india-battles-covid-19-heres-what-it-means/401493/ (accessed-31/08/2022)

एक सीमा से अधिक पैसे छापने से उस देश की मुद्रा का मूल्य बहुत ज्यादा कम हो जाता है, महँगाई बढ़ने लगती है, जिसको हम मुद्रास्फीति भी बोलते है। जो आज पूरे संसार के लिए एक मुसीबत बनी हुई है।

(**मुद्रास्फीति** - आपके पैसे का मूल्य कम होना या उसके खरीदने की ताकत का कम हो जाना ही मुद्रास्फीति है। उदाहरण के लिए दो साल

पहले 1 किलो चीनी 50 की आती थी, वही मुद्रास्फीति के कारण आज ₹ 100 की आ रही है। अर्थात् आज आपके ₹ 100 की मूल्य ₹ 50 है)

Photo Source https://www.google.com/search?q=venezuela+hyperinflation+reason&sxsrf=ALiCzsb4 HhlQpqPDPv9wiYzoDGCSN0 Pxg%3A1661862020340&ei=hAAOY66oFO304-EPk7G8kAk&oq=venezuela+hyperinflation+res&gs_lcp=Cgdnd3Mtd2l6EAEYADIGCAAQHhA NMgYIABAeEBYyBggAEB4QFjIGCAAQHhAWMgYIABAeEBYyBQgAE IYDMgUIABCGAzIFCAAQhgM6BAgAEEc6BQgAEIAESgQIQRgASgQI RhgAUPgEWOwHYKwSaABwAngAgAHPAogB1waSAQUyLTEuMpgB AKABAcgBCMABAQ&sclient=gws-wiz(accessed -30/08/2022)

अगर आप ईरान या वेनेजुएला की मुद्रा को देखोगे, तो वहाँ पर आपको बहुत बड़े बड़े नोट भी मिल जायेंगे, लेकिन उसका मूल्य ना के बराबर है | यानि मिलीयन के नोट से आप सिर्फ टोयलेट पेपर खरीद सकते हैं। इससे तात्पर्य है कि वहाँ की मुद्रा से टॉयलेट पेपर अधिक मूल्यवान हो गया। इस प्रकार अर्थ (Money) की कीमत का गिरना किसी भी राष्ट्र की अर्थव्यवस्था अथवा वहाँ के विकास के लिए अत्यंत चिंतनशील विषय है।

सोचो अगर ऐसा हो, तो क्या हालत हो जाएगे एक देश के और वहाँ के नागरिकों के। हाल की दशा को समझते हुए भविष्य की कल्पना करने पर हम पाते हैं कि हमारे परिजनों या हमारी अपनी पूरी ज़िंदगी भर की लगन और दृढ़ परिश्रम से अर्जित पूंजी से हमारी अनगिनत ख़वाहिशों का दमन कर बचत करते हैं और सरकार या गलत सरकारी नीतियां के कारण 10 साल बाद हमारे 5 करोड़ की कीमत 5 लाख रह जाये या फिर आपको सरकार अथवा बैंक कई नए नियम-कानून बनाकर पैसे निकालने पर रोक लगा दे।

ताजा उदाहरण ले तो अभी दो से तीन साल पहले ही **YES** बैंक ने अपने ग्राहको को एक दिन में पैसे निकलवाने की सीमा 50000 कर दी थी। हम में से कुछ लोग इसके भुगतभोगी है। अभी हाल ही में रूस-यूक्रेन का युद्ध आप देख चुके हैं, ऐसी कमजोर परिस्थिति मे सब कुछ जायज हो सकता है।

फिर से सोचो

- आपके 5 करोड़ का मूल्य बस 5 लाख रह जाये तो?
- बैंक/सरकार आपको पैसे निकालने पर रोक लगा दे तो?
- अगर ऐसा आपके साथ हो तो?

इसलिए लोग क्रिप्टोकरेंसी पर विश्वास कर रहे हैं, जिस पर किसी सरकार का कोई नियंत्रण ना हो कर सभी लोगो का नियंत्रण होता है। कारणवश विगत वर्षों में दुनिया भर में बहुत से लोगों ने अपनी बचत को मुद्रास्फीति से बचाने के लिए बिटकॉइन का चयन किया है, जिसके परिणाम स्वरूप इन वर्षों में बिटकॉइन की कीमत आसमान छू रही है।

आजकल कई बड़े संगठनों ने भी भुगतान उद्देश्यों के लिए क्रिप्टोकरेंसी को स्वीकार करना प्रारम्भ कर दिया है। अल साल्वाडोर की सरकार ने भी बिटकॉइन को कानूनी निविदा दी है ताकि विदेशी निवेशक आसानी से इन देशों में निवेश कर सकें।

दूसरा कारण: प्रत्येक व्यक्ति अपने पैसे को ले कर दो बातें जरूर सोचता है। पहली, वो अपने पैसे को बढ़ाना चाहता है। दूसरी, अपने पैसे को बचाना चाहता है। इसलिए आम तौर पर हम बैंक FDR करने से पहले ब्याज दर की जांच जरूर करते हैं (बैंक से ये जरूर पूछते है सबसे ज्यादा ब्याज दर कितने समय के लिए है) हर लेनदेन पर कुछ नकद वापस चाहते हैं। जहाँ कुछ फ्री दिख जाये वहाँ हमारी आँखों में चमक आ जाती है। तो क्रिप्टोकरेंसी वह ज़रिया है जो आपके पैसे को तेजी से बढ़ा सकता है। बहुत सी क्रिप्टोकरेंसी ने अपने निवेशकों को उनकी उम्मीदों से भी कई गुना अधिक रिटर्न दिया है।

तो क्रिप्टोकरेंसी वह ज़रिया है जो आपके पैसे को तेजी से बढ़ा सकता है।

उदाहरण के लिए

बिटकॉइन का अभी तक का रिटर्न: 2010 के आस पास मे इसका मूल्य लगभग ना के बराबर था यानि अगर आपने 1000 रुपये लगाए

होते तो वो आज लगभग 30 लाख रुपये होते। अभी तक बिटकॉइन का अधिकतम मूल्य लगभग 48 लाख रुपये तक गया है।

एथेरियम का अभी तक का रिटर्न: शुरू मे इसका मूल्य लगभग ₹ 21 था जो आज ₹ 2 लाख है।

तीसरा कारण: 2013 मे जब मेरी पोस्टिंग मुंबई थी, एक दिन हम सभी मित्र मुंबई दर्शन कर रहे थे, तभी अचानक से किसी ने कहा-वो देखो मुकेश अंबानी का घर, अंबानी का घर देखने के लिए हमे अपनी गर्दन को 90° से 180° ले जाना पड़ा और फिर पता लगा की इस घर की कीमत 10000 करोड़ से ज्यादा है और अकेले जमीन की कीमत 2500 रुपये करोड़ के आस पास है। जब हम वहाँ से निकले तब मैं सोच रहा था काश! हमारे बुजर्गों ने भी मुंबई की जमीन में कुछ राशि का निवेश किया होता तो आज हम भी करोड़पति हो जाते।

हम में से ज्यादातर लोग ऐसा सोचते हैं।

तो कहने का मतलब है हम सभी ग्रोथ में निवेश करना चाहते हैं, ग्रोथ सेक्टर में काम करना चाहते हैं, तो क्रिप्टोकरेंसी मार्केट आने वाले समय का मुकेश अंबानी का प्लॉट हो सकता है।

Photo Source - https://search.brave.com/
search?q=mukesh+ambani+antilia+plot+cost%27&Photo
Source=desktopaccessed-31/08/2022

चौथा कारण: दूसरी तरफ मेरे बहुत से दोस्त और रिश्तेदार अच्छी सरकारी नौकरी मे है लेकिन जब भी उन से बात होते है सभी यही बोलते है कि नौकरी से परेशान है और इसको छोड़ना चाहते है। ये बात अलग है कि आज तक कोई सरकारी नौकरी छोड़ते हुए नही दिखा। लेकिन कहने कि बात ये है कि हम सब अपनी ज़िंदगी मे बेहतर करना चाहते है, तो क्रिप्टोकरेंसी एक जरिया हो सकता है जो अपनी ज़िंदगी को बेहतर बना सकता है, **लेकिन उचित समझ के साथ।**

पांचवा कारण: 2013 मे मेरी पहली नौकरी मुंबई मे लगी थी। शुरू के दिनों मे मुझे लगता था अब बस लाइफ सेट है। अब सब कुछ मिल गया है और होना भी चाहिए, क्यों कि लगभग 16-17 साल की कड़ी मेहनत के बाद नौकरी मिली थी। अब आप कह सकते हो मुझे तो 2 साल की मेहनत के बाद ही नौकरी मिल गयी थी, आपने ऐसी कोनसी डिग्री ली थी। आप की बात सही है 2-3 साल की मेहनत से किस्मत वालो को नौकरी मिल जाती है लेकिन उसके लिए हम सबको पहले स्कूली शिक्षा और फिर कोई न कोई डिग्री लेनी होती है। उसके बाद हम 1 से 2 साल मेहनत करते है तब कही जा कर नौकरी की उम्मीद बनती है।

तो नौकरी के शुरू के दिनों मे आपके टेबल पर चाय आती है, आप जीन्स टी-शर्ट से फॉर्मल ड्रेस पर आ जाते हो। कुछ लोग आपको सर/बॉस कहने लगते है। अगर उस समय तक आपकी शादी नही हुई, तो आपके लिए रिश्ते आने शुरू हो जाते है। कुल मिला कर आपको लगता है लाइफ सेट हो गयी है। लेकिन जैसे जैसे आप अपनी नौकरी मे पुराने होते हो, वैसे वैसे आपको सत्य का ज्ञान होना शुरू हो जाता है फिर आपको लगता है सारी उम्र यही काम करना होगा क्या? काश! थोड़े समय की छूट्टी मिल जाये। काश! मैं कुछ समय अपने लिए, अपनी रुचि के लिए निकाल पाता, काश!!

तो क्रिप्टोकरेंसी और ब्लॉकचैन वो जरिया हो सकता है जो आपकी जिंदगी को बेहतर बना सकता है।

छठा कारण: 2017 मे मेरी पोस्टिंग पंचकुला मे थी, वहा पर मुझे ऋण एवं अग्रिम विभाग देखना था। मेरा ऑफिस मेरे घर बिल्कुल नजदीक नजदीक थे, इसलिए मैं ज़्यादातर ऑफिस पैदल ही आता-जाता था। चार साल की नौकरी के बाद मुझे नौकरी के बारे मे सब कुछ अच्छा बुरा पता लग चुका था। एक दिन ऑफिस के बाद मैं घर जा रहा था, तभी देखा कि एक अलीशान घर के आगे 4 से 5 लग्जरी गाड़ी खड़ी है, जिनमे से हर एक कि कीमत 1 करोड़ से ऊपर थी। जब हम कॉलेज मे होते है तो अक्सर इनकी गाड़ियों के सपने दिखते है, ऐसे ही घर के बारे मे सोचते है। उस दिन मैंने घर जा कर हिसाब लगाया, आस पास से जमीन के भाव पता किए तो उस घर और गाड़ियों कि कुल कीमत मेरे हिसाब से बनी 10 करोड़ के आस पास। फिर मैंने अपना हिसाब लगाया 4 साल कि जॉब के बाद मेरे पास कुल बचत ना के बराबर थी और मजे कि बात ये थी कि मैंने मेरे सारे दोस्तो से बात कर के देखी सबके हालात लगभग मेरे जैसे ही थे। और उस से ज्यादा मजे की बात ये है आज 9 साल कि नौकरी के बाद भी वही हालात है।

अब आप कह सकते हो इन बातों का क्रिप्टोकरेंसी और ब्लॉकचैन क्या क्या लेना देना है। तो मैं ये तो नही कह सकता कि क्रिप्टोकरेंसी और ब्लॉकचैन को समझ कर और इसमे निवेश कर के आप 10 करोड़ का घर और गाड़ी बना लोगे, लेकिन मैं आपको ये यकीन के साथ कह सकता हू कि आने वाले समय मे, ये आपके लिए एक अतिरिक्त आमदनी का बहुत अच्छा विकल्प हो सकता है। **लेकिन उचित समझ के साथ।**

हमने अपनी प्राथमिक शिक्षा मे मुंशी प्रेमचंद कि एक कहानी पढ़ी थी, जिसका नाम था "नमक का दरोगा" उसमे लिखा था, आपकी महीने वाली सैलरी ईद का चाँद है जो एक बार आता है लेकिन

अतिरिक्त आमदनी वह बहता हुआ झरना है जो हमेशा आपकी प्यास को बुझाता है। क्रिप्टोकरेंसी आर ब्लॉकचैन आपकी ज़िंदगी के ये झरने हो सकते है। **लेकिन उचित समझ के साथ।**

कुछ और जरूरी बाते क्रिप्टोकरेंसी/ब्लॉकचैन के निवेश को लेकर

- ऐतिहासिक रिटर्न
- विकास क्षमता
- भविष्य की अर्थव्यवस्था
- मुद्रा के सरकारी नियंत्रण से मुक्ति

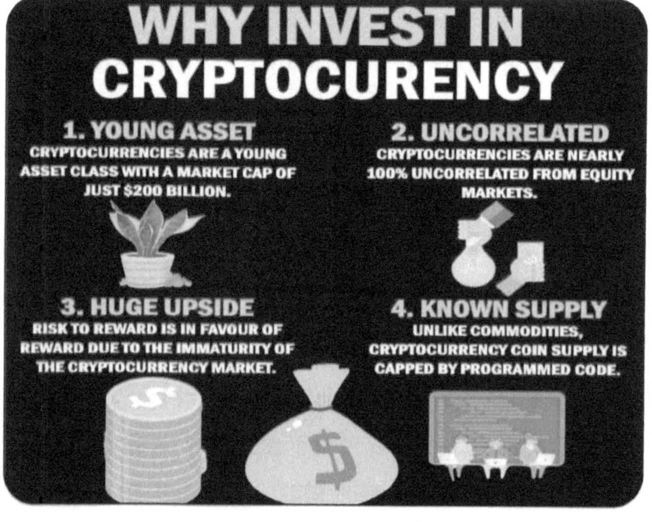

बिटकॉइन का सबसे बड़ा कॉर्पोरेट धारक ग्रेस्केल बिटकॉइन ट्रस्ट है। उनके पास 654885 बिटकॉइन है जो कुल मात्रा का लगभग 3.12% है। एलोन मस्क की कंपनी टेस्ला ने 2021 में $1.5 बिलियन का बिटकॉइन खरीदा था।

अध्याय - 3

क्रिप्टोकरेंसी के फायदे और सीमाए

हर चीज के अपने फायदे और नुकसान होते हैं। वैसे ही क्रिप्टोकरेंसी के भी फायदे और नुकसान है। क्रिप्टोकरेंसी के मामले मे हम इसको नुकसान तो नही बोल सकते है, हम कह सकते है कि इसकी कुछ सीमाएं अवश्य है। तो आइये जानते है क्रिप्टोकरेंसी के फायदे, सीमाओं और गलतफहमियों को:

फायदे

भ्रष्टाचार कम करना: बड़ी ताकत के साथ बड़ी ज़िम्मेदारी आती है, लेकिन सोच कर देखो अगर ये ताकत केवल एक व्यक्ति/संस्था/ राकरस के पास हो तो? उनके द्वारा उस शक्ति का दुरुपयोग करने की संभावना बढ़ जाती है। फ़िएट मुद्रा मे पूरा अधिकार सरकार का होता है, जिस से भ्रष्टाचार की संभावना भी बढ़ जाती है। लेकिन क्रिप्टोकरेंसी में सारी शक्ति आम लोगों के पास होती है।

1. **अत्यधिक पैसे की छपाई को खत्म करना:** जैसे हम पहले बता चुके है कि सरकार को किसी विपदा से निपटने के लिए बहुत सी कागजी मुद्रा छापनी पड़ती है, लेकिन अगर कोई देश इसको संतुलित नियमन से काम में ना ले तो उस देश की मुद्रा का मूल्य बहुत ज्यादा कम हो जाता है और मुद्रास्फीति बढ़ती है। दूसरा, पैसे को छापने मे बहुत सारे जन धन का भी नुकसान होता है। साथ ही साथ ये पर्यावरण के लिए भी नुकशानदायक है। लेकिन सभी क्रिप्टोकरेंसी केवल डिजिटल रूप मे ही मौजूद

है और इसके साथ - साथ अधिकांश क्रिप्टोकरेंसी सीमित मात्रा में उपलब्ध हैं (जैसे बिटकॉइन 21 मिलियन ही है) और किसी भी सरकार/संस्थान के पास उस से ज्यादा सिक्के बनाने/या छपाई की ताकत नहीं है।

2. **मेरा जीवन - मेरा पैसा - मेरा नियम**: पारंपरिक नकदी मे पैसे का लगभग पूरा नियंत्रण केंद्रीय बैंकों और सरकार के पास होता हैं। लेकिन सोचो अगर आपका बैंक या सरकार कुछ गलत कर दे तो? हम अपनी सरकार पर भरोसा करते हैं, लेकिन ध्यान रखें कि किसी भी समय, आपकी सरकार जरूरत के हिसाब से आपके बैंक खाते को फ्रीज कर सकती है। इस प्रकार की समस्या का सामना यस बैंक के ग्राहक 2-3 साल पहले कर चुके है। लेकिन क्रिप्टोकरेंसी में सारी शक्ति आपके हाथ में है।

3. **बिचौलिए खत्म करना**: पारंपरिक पैसे के साथ, हर बार जब आप पैसे का लेन देन करते है तो आपका बैंक बिचौलिय का काम करता है और उसके बिना ये लेन देन करना नामुमकिन है। लेकिन क्रिप्टोकरेंसी के साथ सभी बिचौलिये समाप्त हो जाते है

4. **वैश्विक पहुँच**: आपको पता है की हर देश की अपनी अलग मुद्रा है, लेकिन क्या आपने सुना है भारत का बिटकॉइन अलग है USA का अलग है। कहने का मतलब है बिटकॉइनपूरे संसार मे एक ही रूप से चलता है। सोचो क्रिप्टोकरेंसीके पास ये ताकत है जो पूरे संसार को एकजुट करने की ताकत रखता है।

5. **पारदर्शिता**: क्रिप्टोकरेंसी/ब्लॉकचैन के सभी लेनदेन ऑनलाइन होते है और इन सभी लेन देन की पृतिलिपि बहुत से कम्प्युटर,नोडस, देशों मे स्टोर होती है। तो इसके लेनदेन मे धोखाधड़ी की संभावना ना के बराबर है।

6. **बैंक रहित लोगों की सेवा करना:** दुनिया के एक बड़े हिस्से के पास बैंकिंग सुविधा नहीं है क्रिप्टोकरेंसी दुनिया भर में डिजिटल कॉमर्स फैलाकर इस मुद्दे को हल करने मे सक्षम है।,

कुछ सीमाए

1. **जानकारी का अभाव**-क्रिप्टोकरेंसी की सबसे बड़ी सीमा यही है की यहाँ पर लोगो के पास इसकी जानकरी या तो बहुत कम है या फिर गलत है। इस कारण से बहुत से लोग इसको गलत तरीके से दिखते है या निवेश करते है। आप सभी ने सुना होगा बिना जानकारी कोई भी काम करना तकलीफदेय हो सकता है।

2. **सरकारी नियमों का अभाव** - आज की तारीख मे बहुत से देश ऐसे है जहां पर क्रिप्टोकरेंसी को ले कर कोई स्पष्ट नियम नही है। नियमों का अभाव होना भी एक सीमा हो जाती है। बिना नियमों के निवेश करना भी एक सुरक्षा का मापदंड बन जाता है। लेकिन जैसा हमने पहले जाना की बहुत सी सरकारे क्रिप्टोकरेंसी को ले कर बहुत ही सकारात्मक नजरिया दिखा रही है। जैसे भारत की बात करे, हमारे यहाँ 01/04/2022 से क्रिप्टोकरेंसी टैक्स को ले कर नियम बनाये गए है जो कि क्रिप्टोकरेंसी के लिए एक सकारात्मक कदम माना जा सकता है।

3. **नई क्रिप्टोकरेंसी में सुरक्षा मापदंड** - एक और सीमा जो क्रिप्टोकरेंसी के ले कर है वो है-नई क्रिप्टोकरेंसी। शेयर बाजार मे आपको जब भी कोई कंपनी दर्ज करनी होती है तो आपको बहुत से मापदंड पूरे करने होते है, मतलब बहुत तरह की कागजी कार्यवाही, सरकारी नियम, बैंक के नियम काफी कुछ देखना होता है लेकिन क्रिप्टोकरेंसी के मामले मे आपको ये

करने कि जरूरत नही पड़ती है जिस कारण कोई भी यहा आ सकता है।

4. **मूल्य मे बहुत ज्यादा उतार चढ़ाव-** आपने सुना होगा कि कुछ ही घंटो मे क्रिप्टोकरेंसी बहुत ज्यादा ऊपर या नीचे जा सकती है।

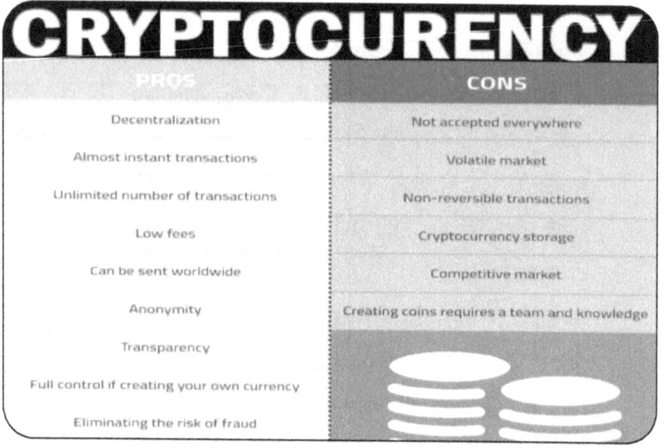

पहला वाणिज्यिक बिटकॉइन लेनदेन पिज्जा खरीदने के लिए किया गया था, 22 मई 2010 को फ्लोरिडा में एक व्यक्ति ने दो पिज्जा के लिए 10,000 बिटकॉइन का भुगतान किया। उस समय, 10,000 बिटकॉइन की कीमत लगभग $40 थी। आज इतने बिटकॉइन की कीमत $350 मिलियन से अधिक होती। ये दुनिया के आज तक के सबसे महगे पिज्जा है।

क्रिप्टोकरेंसी के कुछ फायदे और सीमाए। - विडियो जानकारी के लिए QRcode को स्कैन करे।

अध्याय - 4

क्रिप्टोकरेंसी - कुछ मिथक

ये हम सबको पता जब भी कोई नयी चीज़ दुनिया मे आती है तो शुरू मे उसको ले कर नकारात्मक बाते ज्यादा की जाती है। जिसके कारणवश आम गलतफहमिया भी बाज़ार मे फ़ैल जाती है। तो सबसे पहले इन गलतफहमियों को दूर करते है।

1. **क्रिप्टोकरेंसी केवल अपराधियों के लिए अच्छी है -** कुछ क्रिप्टोकरेंसी अपनी प्रमुख विशेषता मे गुमनामी का दावा करती हैं। इसका मतलब है कि जब आप लेन-देन करते हों तो आपकी पहचान का खुलासा नहीं किया जाता है। जैसे मोनेरो, जिसका अर्थ है कि कोई भी बाहरी व्यक्ति इसके स्रोत, मूल, राशी को नहीं ढूंढ सकता है। इस कारण ऐसा लगता है कि इस प्रकार की क्रिप्टोकरेंसी को बस अपराधी काम मे लेते है, लेकिन मुख्यत: सभी क्रिप्टोकरेंसी एक विकेंद्रीकृत ब्लॉकचैन पर आधारित हैं, जिसका अर्थ है कि इसकी प्रतिलिपि बहुत सी जगहों पर स्टोर होती है यानि सभी नोड्स पर ये होती है तो उसमे गोपनियता जैसा कुछ भी नही है।

2. **कोई मौलिक मूल्य नहीं होना -** कुछ लोगों को लगता है कि क्रिप्टोकरेंसी करंसी में स्टॉक/गोल्ड आदि जैसी कोई मौलिक विशेषताएं नहीं हैं। हाँ, यह सच है कि अधिकतम क्रिप्टोकरेंसी का कोई मौलिक मूल्य नहीं है, लेकिन 10% का एक मजबूत मौलिक मूल्य है। जब आप DEFI, NFT, ICO,

METAVERSE के बारे मे जानेगे तो आप इसके मौलिक मूल्य को आसानी से समझ पायेगे।

3. **खरीदना बेचना बहुत मुश्किल है**- बहुत बार लोगो को ये लगता है कि क्रिप्टोकरेंसी को खरीदना बेचना बहुत मुश्किल है, लेकिन आज के समय आप जितनी आसानी से स्टॉक खरीद बेच सकते हो उतनी ही आसानी से क्रिप्टोकरेंसी मे भी लेनदेन कर सकते हो।

- आप अपने फोन मे क्रिप्टोकरेंसी का कोई भी बढ़िया प्लैटफ़ार्म डाउन लोड करे।
- अपने केवाईसी को पूरा करे।
- 15 से 20 मिनट्स के अंदर आपके केवाईसी पूरे होते ही आपका खाता चालू हो जाएगा
- इसके बाद अपने क्रिप्टोकरेंसी खाते मे पैसे डाले इसके बाद आप एक क्लिक के साथ खरीदना बेचना शुरू कर सकते है।

4. **मूल्य बहुत ज्यादा ऊपर चला गया है** - बिल्कुल सही है अगर आप 2013 के बिटकॉइन मूल्य से तुलना करोगे तो ये बहुतज्यादा लगेगा,लेकिन अगर भविष्य के हिसाब से दिखोगे तो आपको मूल्यकम लगेगा। दूसरा, आप बिटकॉइन को टुकड़ों मे खरीद सकते हो कहने का मतलब है **आप 5000-10000 रुपये का बिटकॉइन ले सकते हो।** इसके अलावा आप नए क्रिप्टोकरेंसी मे भी निवेश कर सकते हो जिनका मूल्य अभी कम है, लेकिन एक बात का ध्यान रखे कि आपको मौलिक रूप से मजबूत क्रिप्टोकरेंसी के अंदर ही अपना निवेश करना है जिसके बारे मे आने वाले अध्याय मे जानकारी लेगे।

5. **यह अवैध है**- कुछ लोगो को लगता है क्रिप्टोकरेंसी अवैध है, लेकिन सोच कर देखो कि क्रिप्टोकरेंसी 10 साल से दुनिया के लगभग हर देश मे है, तो क्या आप किसी अवैध चीज़ को इतने लंबे समय से इतने देशो मे चला सकते है? इसके अलावा इन 10 सालों मे आपने हर तरह का उतार चढ़ाव देखा है जैसे कोरोना, रूस Ukraine युद्ध, संसार की महंगाई, इसके बावजूद क्रिप्टोकरेंसी बाज़ार मे टिकी हुई है। इसके अलावा बिटकॉइन का मूल्य शून्य लेकर **35-40 लाख तक पहुँच** गया। बड़े-बड़े लोग, कंपनी, बैंक और सरकार इसमे निवेश कर रही है। सोचो!!!

डॉगकोइन (एक क्रिप्टोकरेंसी - एक मेम टोकन)हाल के महीनों में सबसे हॉट क्रिप्टोकरेंसी में से एक है। हालाँकि इसकी की शुरुआत मजाक के रूप में हुई थी।इसका नाम भी एक डॉग के नाम पर रखा गया था। एलोन मस्क ने बहुत बार इसको ले कर टिप्पणिया की है। शुरू होने से अब तक इसने अपने निवेशकों को लगभग 70000% रिटर्न दिया है।

DOGE
$0.060394 ▾ 4.0%

| **Price Chart** | Exchanges | Portfolio | Inf |

Market Cap Rank	#10
Market Cap	$8,007,247,847
Trading Volume	$268,267,128
24H High	$0.063269
24H Low	$0.060349
Available Supply	132.7 Billion
Total Supply	?
Max Supply	?
All-Time High	$0.731578 ▾ 91.7% May 08, 2021 (481 days)
All-Time Low	$0.00008690 ▴ 69,441% May 06, 2015 (2675 days)

Photo Source -CoinGecko mobile App (accessed-01-09-2022)

अध्याय - 5

ब्लॉकचैन – क्रिप्टोकरेंसी की रीढ़ की हड्डी।

क्रिप्टोकरेंसी करंसी जिस प्लेटफॉर्म पर काम करती है उसका नाम है ब्लॉकचैन। बिना ब्लॉकचैन के क्रिप्टोकरेंसी का कोई अस्तित्व शेष नहीं रह जाता है। यदि सरल शब्द में कहा जाए तो क्रिप्टोकरेंसी और ब्लॉकचैन का शरीर और हृदय जैसा रिश्ता है। दोनों एक दूसरे के पूरक होने के संबंध का निर्वाह करते है। मेरे हिसाब से क्रिप्टोकरेंसी से ज्यादा जरूरी है ब्लॉकचैन को समझना, तो इसको पहले साधारण से उदाहरण से समझते है।

- अगर आपको Youtube चलाना है तो क्या चाहिए - आप कहोगे Internet।
- अगर आपको फोन चार्ज करना है तो क्या चाहिए = आप कहोगे Electricity।
- लेकिन Internet (Youtube) और Electricity (Phone Charge) के अलावा क्या क्या उपयोग मे लिया जा सकता है -आप कहोगे बहुत सारे

तो बस इसी तरह क्रिप्टोकरेंसी को चलाने के लिए चाहिए- ब्लॉकचैन लेकिन ब्लॉकचैन के इसके अलावा भी बहुत से अनुप्रयोग है जिनको हम आगे समझते है।

ब्लॉकचैन का शाब्दिक अर्थ देखें तो ये दो शब्दों से मिल कर बना है।

ब्लॉकचैन = ब्लॉक (Block) + चैन (Chain)

दो और सबसे महत्वपूर्ण गुण = Decentralized (विकेंद्रीकरण) + Consensus (आम सहमति)

तो इस हिसाब से ब्लॉकचैन बहुत से **ब्लॉक** की एक **चैन** है जो बहुत सी लोकेशन (नोड्स /कम्प्युटर) पर स्टोर होती है यानि इसका कोई एक केंद्र नहीं है जिसके कारण इसको (**Decentralized**) **विकेंद्रीकृत** कहते है और अपने आपको सुरक्षित करने के लिए ये (**Consensus**) **आम सहमति** तकनीक का उपयोग करती है।

ब्लॉकचैन का सबसे प्रमुख भाग है ब्लॉक। तो आइये अब हम समझते है ब्लॉक को। किसी भी ब्लॉक के 3 सबसे जरूरी भाग होते है।

1. **डाटा:** किसी भी ब्लॉकचैन मे डेटा का प्रकार इस बात पर निर्भर करता है कि ब्लॉकचैन का उपयोग किस प्रयोजन के लिए किया जा रहा है। उदाहरण के लिए, बिटकॉइन ब्लॉक-चैन (यानि बिटकॉइन की अपनी ब्लॉकचैन) में बिटकॉइन से संबन्धित लेन-देन के बारे में विवरण होता है जिसमें प्रेषक, रिसीवर, सिक्कों (Sender, Receiver, Coin)की संख्या आदि शामिल होती है।

2. **हैश:** ब्लॉकचैन में हैश फिंगर प्रिंट या हस्ताक्षर की तरह होता है यानि ये (unique)अनोखा होता है। यह एक ब्लॉक और उसकी सभी जानकारी की पहचान करता है।

3. **पिछले ब्लॉक का हैश:** यानि हर ब्लॉक मे पिछले ब्लॉक का पता होता है जिससे ये पूरी चैन जुड़ी होती है। जैसा आप चित्र मे देख सकते है।

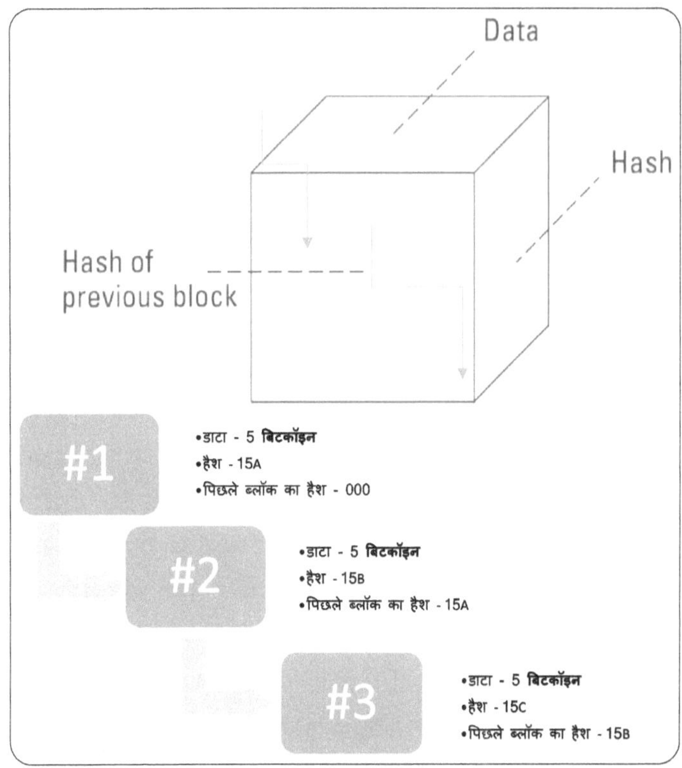

यहाँ पर 3 ब्लॉक लिए है और ये तीनों ब्लॉक आपस मे एक दूसरे से जुड़े है। जैसा पहले बताया हर ब्लॉक के 3 सबसे मुख्य पार्ट्स होते है वो है डाटा, हैश और पिछले ब्लॉक का हैश। जैसा आपको ऊपर चित्र मे दिख रहा है:

1. #1 ब्लॉक मे डाटा, हैश और पिछले ब्लॉक का हैश तीनों है लेकिन सबसे जरूरी ध्यान देने वाली बात है कि इसके अंदर #2 ब्लॉक का पता है।

2. इसी तरह से #2 ब्लॉक मे #3 ब्लॉक का पता है। मतलब पूरी चैन इस हिसाब से एक दूसरे से जुड़ी होती है।

3. इसी तरह से #3 ब्लॉक मे #2 ब्लॉक का पता, #2 ब्लॉक मे #1 ब्लॉक का पता होता है।

इस तरह से बहुत से ब्लॉक मिल कर एक ब्लॉक चैन का निर्माण करते है,जो कि Decentralized (विकेंद्रीकरण) और Consensus (आम सहमति) के सिद्धांत पर काम करती है।

ब्लॉकचैन खुद को कैसे सुरक्षित करता है?

हम अपने कम्प्युटर को सुरक्षित रखने के लिए एंटी-वायरस का इस्तेमाल करते है, जो कि एक फायरवॉल सॉफ्टवेयर होता है। समान रूप से ब्लॉकचैन भी तीन तरीकों से अपने आपको सुरक्षित रखती है। ब्लॉकचैन के माध्यम से क्रिप्टोकरेंसी बिल्कुल सुरक्षित रहती है और यही आश्वासन क्रिप्टोकरेंसी में हमारे विश्वास को अधिक मजबूत बनाता है। सोच कर देखो जब भी आप घर पर लाइट ऑन करो और हर बार आपको करेंट लगे, तो आप लाइट ऑन करना तो दूर, आप उसके पास तक जाना छोड़ दोगे। इसी तरह अगर ब्लॉक चैन सुरक्षित ना हो, तो क्या आप इसको काम मे लोगे? तो सबसे पहले ब्लॉकचैन की सुरक्षा को जानना बहुत जरूरी है कि:

- ➢ क्या ब्लॉक चैन सुरक्षित है?
- ➢ अगर सुरक्षित है, तो कितनी?
- ➢ और ब्लॉकचैन अपने आप को कैसे सुरक्षित करती है?
- ➢ क्या इसकी सुरक्षा पर भरोसा किया जा सकता है?

ब्लॉकचैन अपने आप को 3 तरीको से सुरक्षित करती है।

पहला तरीका

1. हैशिंग-जैसा ऊपर चित्र मे बताया गया कि हर ब्लॉक मे अपने पिछले ब्लॉक का पता होता है। मान लो अगर आपको

एक ब्लॉक मे कुछ बदलना है तो उसके हर एक पिछले ब्लॉक मे जानकारी को बदलना होगा, **जो कि लगभग नामुमकिन जैसा है।** लेकिन फिर भी मान लेते है आपने सुपर कम्प्युटर काम मे लिया जो प्रति सेकंड सैकड़ों हजारों हैश की गणना कर सकता हैं। तो एक बार मान लेते है कि हैशिंग से छेड़छाड़ की जा सकती है। फिर आता है सुरक्षा का दूसरा तरीका POW।

दूसरा तरीका

2. **POW (Proof of Work)** - POW एक ऐसा तंत्र है जो ब्लॉकों के निर्माण को धीमा कर देता है क्योंकि इसको शुरू करने के लिए प्रत्येक नोड को एक गणितीय पहेली को हल करना होता है तभी वो इस प्रोसैस मे आगे बढ़ता है। उदाहरण के लिए, बिटकॉइन के मामले में, आवश्यक POW की गणना करने और श्रृंखला में एक नया ब्लॉक जोड़ने में लगभग दस मिनट लगते हैं और इस तरह पूरी ब्लॉकचैन में सैकड़ों हजारों ब्लॉकस होते हैं, इसलिए सफलतापूर्वक हेरफेर करने में दस साल से भी अधिक समय लग सकता है। यह इसमे किसी ब्लॉक के साथ छेड़छाड़ करना बहुत कठिन बना देती है क्योंकि यदि आप एक ब्लॉक में हस्तक्षेप करते हैं, तो आपको सभी ब्लॉकों में हस्तक्षेप करना होगा, जो कि लगभग नामुमकिन जैसा है।

तीसरा तरीका

3. **P2P (Peer to Peer)** - यह तीसरा तरीका है जिस से ब्लॉकचैन खुद को सुरक्षित करती हैं। अभी तक आपको ये पता लग गया है, कि ब्लॉकचैन प्रबंधन करने के लिए किसी

केंद्रीय इकाई का उपयोग नहीं करता है।इसके बजाय, यहाँ एक P2P नेटवर्क का उपयोग किया जाता हैं। उदारण के लिए बिटकॉइन की सार्वजनिक ब्लॉकचैन में, सभी को शामिल होने की अनुमति है। नेटवर्क के प्रत्येक सदस्य को सत्यापनकर्ता या नोड कहा जाता है। जब कोई नेटवर्क से जुड़ता है, तो उसे ब्लॉकचैन रिकॉर्ड की पूरी कॉपी मिलती है।

तो ये प्रक्रिया निम्नलिखित तरीके से संपन्न होती है:

1. नया ब्लॉक नेटवर्क में सभी को भेजा जाता है।

2. प्रत्येक नोड ब्लॉक को सत्यापित करता है और सुनिश्चित करता है कि इसके साथ छेड़छाड़ नहीं की गई है।

3. यदि सब कुछ सही होता है, तो सभी नोड्स एक आम सहमति (आगे के अध्याय में विस्तरित वर्णन है) बनाते हैं और इस नए ब्लॉक को अपने ब्लॉकचैन में जोड़ देते है लेकिन अगर नोड्स को लगता है कि इसके साथ छेड़छाड़ की गई है तो उसको अस्वीकार कर दिया जाता है।

तो इस प्रकार एक ब्लॉकचैन पर एक ब्लॉक के साथ सफलतापूर्वक हेरफेर करने के लिए, आपको श्रृंखला के सभी ब्लॉकों के साथ छेड़छाड़ करनी होगी, प्रत्येक ब्लॉक के लिए POW करना होगा, और फिर सभी नोड पर उसको चेक कराना होगा। जो लगभग नामुमकिन जैसा है। तो अब आप समझ गए होगे, कि ब्लॉकचैन कितनी ज्यादा सुरक्षित है।

2018 के अंत तक, लगभग 90% अमेरिकी और यूरोपीय बैंकों और वित्तीय संस्थानों ने ब्लॉकचैन तकनीक को अपनाने की खोज शुरू कर दी थी, और दिन प्रतिदिन ये बढ़ता जा रहा है।

ब्लॉकचैन - क्रिप्टोकरेंसी की रीढ़ की हड्डी - विडियो जानकारी के लिए QR code को स्कैन करे।

अध्याय - 6

ब्लॉकचैन के प्रकार और कार्यविधि

ब्लॉकचैन नेटवर्क मुख्य रूप से निम्न प्रकार के होते हैं

1. **निजी ब्लॉकचैन नेटवर्क**
2. **सार्वजनिक ब्लॉकचैन नेटवर्क**
3. **हाइब्रिड ब्लॉकचैन**
4. **कंसोर्टियम ब्लॉकचैन**

1. **निजी ब्लॉकचैन - इस** नेटवर्क में नोड्स/ऑपरेटर बहुत सीमित/ निश्चित होते है,क्यों कि इस प्रकार कि ब्लॉकचैन सभी के लिए नहीं है। बहुत सी कंपनियां/संस्थान इस प्रकार के ब्लॉकचैन नेटवर्क का उपयोग अपने कर्मचारियों और सदस्यों के काम को सुलभ बनाने के लिए प्रयोग करती है। कई विशेषज्ञों के अनुसार, एक निजी ब्लॉकचैन नेटवर्क पूरी तरह से विकेन्द्रीकृत नेटवर्क नहीं है, बल्कि वितरित लेजर के साथ एक केंद्रीकृत प्रणाली है। Hyperledger एक निजी ब्लॉकचैन का उदाहरण है।

2. **सार्वजनिक ब्लॉकचैन -** इस नेटवर्क में, कोई भी ऑपरेटर के रूप में नेटवर्क में शामिल हो सकता है, कोई भी अपना डेटा या जानकारी नेटवर्क पर डाल सकता है। कोई भी अपनी आवश्यकता के अनुसार नेटवर्क का उपयोग करने के लिए नेटवर्क पर स्मार्ट अनुबंध लिख सकता है। बिटकॉइन, एथेरियम सभी लोकप्रिय ब्लॉकचैन नेटवर्क सार्वजनिक ब्लॉकचैन नेटवर्क के उदाहरण हैं।

3. **हाइब्रिड ब्लॉकचैन** - कभी-कभी संगठन एकदम सर्वश्रेष्ठ करना चाहते हैं तो वे हाइब्रिड ब्लॉकचैन का उपयोग करते है। इस ब्लॉकचैन तकनीक मे निजी और सार्वजनिक दोनों ब्लॉकचैन दोनों के गुण मौजूद होते है।

4. **कंसोर्टियम ब्लॉकचैन** - कंसोर्टियम ब्लॉकचैन, जिसे फ़ेडरेटेड ब्लॉकचैन के रूप में भी जाना जाता है, एक हाइब्रिड ब्लॉकचैन के समान है जिसमें इसमें निजी और सार्वजनिक ब्लॉकचैन विशेषताएं हैं। लेकिन यह इस बात मे अलग है कि कई संगठनात्मक सदस्य विकेंद्रीकृत नेटवर्क का प्रयोग करते हैं। कंसोर्टियम ब्लॉकचैन अनिवार्य रूप से एक निजी ब्लॉकचैन है जिसमें एक विशेष समूह तक सीमित पहुंच होती है।

ब्लॉकचैन का उपयोग करके लेनदेन की लागत, पारंपरिक अर्थव्यवस्था में लेनदेन की लागत से लाखों गुना सस्ती है।

अभी तक आपने ब्लॉकचैन क्या होती है, अपने आप को कैसे सुरक्षित करती है, इसके बारे मे समझा। इस अध्याय मे हम जानेगे ब्लॉकचैन अपनी कार्यविधि को कैसे पूरा करती है। इसकों हम बैंक के उदाहरण से समझते है

आप अपने पैसे बैंक मे जमा करते है क्यों कि आपकों बैंक पर पूरा भरोसा है कि यहा आपका पैसा बिल्कुल सुरक्षित है। दूसरा यहा पर आपको सरकार की तरफ से आपके पैसे की सुरक्षा का भी पूरा आश्वासन मिलता है। यानि एक केंद्रीय इकाई इसको सपोर्ट करती है जो आपके लेने देन का पूरा ध्यान रखती है और आपके खाते को मैंटेन करती है।

- ➢ लेकिन ब्लॉकचैन मे बिना किसी केंद्रीय इकाई के सब लेन देन कैसे होते है?
- ➢ कौन इस लेनदेन को लिखता है?
- ➢ क्या इस लेनदेन पर विश्वाश किया जा सकता है?

किसी भी ब्लॉकचैन नेटवर्क को सक्रिय बनाने के लिए, लेने देने करने के लिए, इसको अपडेट करने के लिए **नोड/ऑपरेटरों** को हर समय नेटवर्क मे सक्रिय रहना पड़ता है ताकि ब्लॉकचैन का **सर्वसम्मति तंत्र** बना रहे।

निजी ब्लॉकचैन नेटवर्क में, ऑपरेटर सीमित हैं और सभी ऑपरेटरों को उस संगठन द्वारा विश्वसनीय और मान्य किया जाता है इसलिए किसी भी निजी ब्लॉकचैन नेटवर्क के लिए यह एक बड़ा मुद्दा नहीं है। लेकिन पब्लिक ब्लॉकचैन नेटवर्क में परिदृश्य पूरी तरह से अलग है। क्योंकि यहा कोई भी नेटवर्क में एक ऑपरेटर के रूप में शामिल हो सकता है। इसलिए, वास्तविक/सही /विश्वाशपात्र ऑपरेटरों को नेटवर्क पर बने रहने के लिए और खराब इरादे वाले ऑपरेटरों को नेटवर्क से बाहर करना अतिआवश्यक है। इसको पूरा करता है **सर्वसम्मति तंत्र।**

तो सबसे पहले समझते है सर्वसम्मति तंत्र (आमसहमति तंत्र, **Consensus**) को -

सर्वसम्मति तंत्र किसी भी परिणाम को साठ्यपीत (Verify) करने का एक तरीका है। मान लेते है आपके पास कोई जानकारी है जिसे आप जानना चाहते हो कि ये जानकारी सही है या गलत, इसको जानने का एक तरीका है -आम सहमति (Consensus)। समझने के लिए मान लेते है आप इस जानकारी को 100 लोगों को भेजते है

- **उदाहरण 1:** मानते है कि 07 लोग इसको सही और 03 लोग इसको गलत कहते है तो आपको इसका अंतिम रिज़ल्ट सही आयेगा। क्योंकि 50 % से ज्यादा लोग इसकों सही बता रहे है।

- **उदाहरण 2: मानते है कि** 05 लोग सही 05 लोग गलत बोल देते तो रिज़ल्ट होल्ड पर चला जायेगा। क्योंकि इसमे कोई **आमसहमति नही बन पाई।**

- **उदाहरण 3:** मानते है कि 03 लोग इसको सही और 07 लोग इसको गलत कहते है तो आपको इसका अंतिम रिज़ल्ट गलत आयेगा। क्योंकि 50 % से ज्यादा लोग इसकों गलत बता रहे है।

कहने का मतलब ये है कि इस प्रणाली में, कोई भी निर्णय लेने का अधिकार किसी एक व्यक्ति या संस्थानों को नहीं दिया जाता है, बल्कि सभी को वितरित किया जाता है और जब अधिकतम संख्या में सदस्य इससे सहमत होते हैं तभी किसी निर्णय को अंतिम रूप दिया जाता है। यानि जब सर्व सहमति होगी तभी रिज़ल्ट आयेगा।

आज के समय मे बहुत तरह के **सर्वसम्मति तंत्र प्रयोग मे लिए जा रहे है, लेकिन इनमे 2 सबसे प्रमुख** है:

1. **POW(Proof of Work)** - जैसा इसका नाम है (Proof of Work) यानि इसमे काम करने का कोई प्रमाण देना होता है। यानि आपको कोई ना कोई काम करके इसको शुरू करना होता है। इसको शुरू करने के लिए हरेक नोड को एक गणितये गणना /गणितये पहेली को हल करना होता है तभी वो इस प्रक्रिया मे आगे बढाता है। इसी गणितये पहेली को जल्दी हल करने के लिए लोगो ने सुपर कम्प्युटर लगा रखे है (बड़े बड़े ऑफिस इसके लिए बना रखे है) इन सुपर कम्प्युटर को चलाने के लिए बहुत सारी कंप्यूटिंग शक्ति और बिजली चाहिए होती है जिसके कारण इसमे बहुत ज्यादा बिजली बर्बाद होती है और बहुत ज्यादा गर्मी

और कार्बन भी उत्पादन के रूप मे निकलते है। एक अनुमान के अनुसार वैश्विक बिटकॉइन नेटवर्क वर्तमान में सालाना लगभग 81.51 टेरावाट बिजली की खपत करता है, जो लगभग 23 कोयले से चलने वाले बिजली संयंत्रों के वार्षिक उत्पादन के बराबर है। इस कारण से POW आधारित ब्लॉकचैन पर्यावरण के अनुकूल नहीं हैं। इसकों ले कर बहुत बार सवाल भी उठे है।

अब आपके मन मे ये सवाल आ रहा होगा,कि जब इतनी बिजली की खपत होती है और इतनी ज्यादा कम्प्युटर पावर चाहिए होती है, तो लोग ये काम क्यों करते है?

जैसा ऊपर बताया गया है किसी भी ब्लॉकचैन नेटवर्क को सक्रिय बनाने के लिए, लेने देने करने के लिए, इसको अपडेट करने के लिए नोड/ऑपरेटरों को हर समय नेटवर्क के **सर्वसम्मति तंत्र** को बनाए रखने सक्रिय होना पड़ता है। यदि ऑपरेटर सफलतापूर्वक ब्लॉकचैन पर लेन-देन संबंधी समीकरणों को हल कर लेते है, तो इनको मूल टोकन द्वारा पुरस्कृत किया जाता है, जो आमतौर पर उनके द्वारा खर्च किये गए पैसो से से अधिक होता है, इसलिए अतिरिक्त राशि, उनका लाभ होता है। मान लेते है अगर कोई **बिटकॉइन ब्लॉकचैन पर यह करता है तो उसको** इनाम/ प्रोत्साहन के रूप मे **बिटकॉइन मिलते है और** आज के समय 1 बिटकॉइन का मूल्ये है लगभग 30 लाख है। अब आप समझ गए होगे,क्यों ये सब कुछ होता है।

POW की इन सभी समस्याओं (बिजली खपत और कार्बन) को हल करने के लिए, एक नए प्रकार की आम सहमति प्रणाली प्रयोग मे आई, जिसे POS के रूप में जाना जाता है।

2. **POS (Proof of Stake)** - जैसा इसका नाम है Proof of Stake - यानि यहाँ पर आपको कुछ टोकन को दांव (Stake)

पर लगाना होता है। इसमें एक निश्चित राशि/हिस्सेदारी का स्वामित्व दिखाने की आवश्यकता होती है। इसका मतलब है कि आप जितना अधिक क्रिप्टोकरेंसी रखेगे, आपके पास उतनी अधिक खनन शक्ति होगी और आपकी सफलता कि उतनी ज्यादा संभावना बढ़ जायेगी। इसका सबसे प्रमुख गुण यही है कि ये POW मे होने वाली बहुत ज्यादा बिजली कि खपत को बहुत कम करता है। **कार्डानो, पोलकाडॉट, जैसे ब्लॉकचैन नेटवर्क POS का प्रयोग कर रहे है।** POW मे जहां पूरा निवेश कम्प्युटर पर होता है वही POS मे सारा निवेश उस ब्लॉकचैन के मूल टोकन पर किया जाता है।

अब ब्लॉकचैन को एक और प्रमुख काम करना होता है, केवल सही लोगो को सिस्टम मे बनाये रखना और गलत लोगों को सिस्टम से बाहर करना। अगर POW मे कोई गलत तरीके से काम करता है तो उसकी सारी कम्प्युटर पावर, समय, बिजली की बर्बादी हो जाती है। POS मे अगर कोई नेटवर्क का उल्लंघन करने का प्रयास करते हैं तो उसके Stake किए सब टोकन का नुकसान हो जाता है।

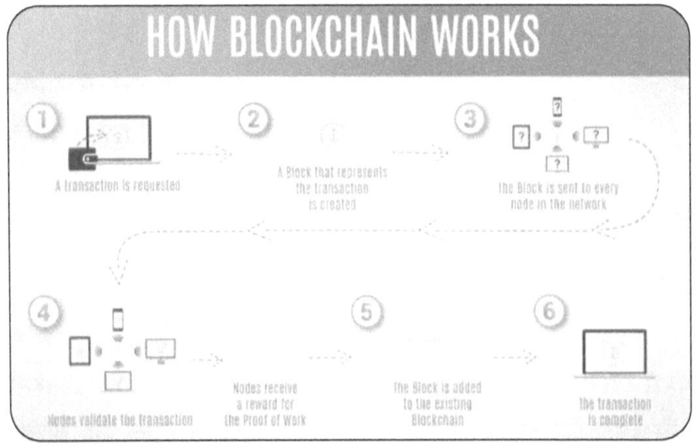

Mining and Miner (खनन और खनिक) - आपने क्रिप्टोकरेंसी मे बहुत बार माइनिंग और माइनर शब्दों को सुना होगा। तो ऊपर जो पूरी POW&POS प्रक्रिया बताई है, इसको माइनिंग और इसको करने वालो को माइनर कहा जाता है।

आज कल कुछ नयी आम सहमति प्रणाली भी उपलब्ध है। उनमें से एक POB(प्रूफ ऑफ बर्न) है, जहां ब्लॉकचैन नेटवर्क का ऑपरेटर बनने के लिए उस ब्लॉकचैन का मूल टोकन खरीदना होता है, और फिर इसकों एक विशेष पते पर भेजना होता है जहां से टोकन पुनर्प्राप्त नहीं किया जा सकता है जिसे आम तौर पर टोकन बर्निंग के रूप मे जाना जाता है।

इसलिए, मुख्य बात यह है कि किसी भी ब्लॉकचैन टोकन पर निवेश करने से पहले, आपकों सर्वसम्मति तंत्र के पीछे की प्रणाली पर विचार करना चाहिए। यदि कोई नया ब्लॉकचैन नेटवर्क विभिन्न प्रकार की नई सर्वसम्मति तंत्र प्रणाली के साथ आता है, जो अन्य सर्वसम्मति तंत्र प्रणालियों से बेहतर है, तो भविष्य में इस ब्लॉकचैन नेटवर्क की वृद्धि की संभावना वास्तव में बहुत अधिक है।

इतने सारे क्रिप्टोकरेंसी -क्यों?

जब शुरू मे मैं क्रिप्टोकरेंसी के बारे मे समझ रहा था तो एक संदेह मन मे आता था, कि इतनी सारी क्रिप्टोकरेंसीक्यों? आपने तो बस बिटकॉइन के बारे मे सुना है तो बाकी क्रिप्टोकरेंसी का क्या प्रयोग है।

अभी तक आपको ये पता लग गया है कि Ethereum के आने से पहले बिटकॉइन एक मात्र क्रिप्टोकरेंसी थी Ethereum ने क्रिप्टोकरेंसी और ब्लॉकचैन बाज़ार को पूरे तरीके से बदल दिया। इसके बाद बाज़ार

मे बहुत तरह के टोकन और ब्लॉकचैन आई और इन ब्लॉकचैन के साथ आयी इनकी मूल क्रिप्टोकरेंसी।

जब कोई भी उपयोगकर्ता अपने स्वयं के प्रयोजनों/ बिज़नेस के लिए ब्लॉकचैन नेटवर्क का उपयोग करना चाहता है जैसे मुद्रा हस्तांतरण, स्मार्ट अनुबंध लिखना, Dapps (Decentralized Application) विकसित करना, ICO या NFT इत्यादी, तो उस कॉइस ब्लॉकचैन नेटवर्क के मूल टोकन की एक निश्चित राशि का भुगतान करना होता है।

बिटकॉइन नेटवर्क में इस राशि को "नेटवर्क शुल्क" और एथेरियम ब्लॉकचैन मे इसको "गैस शुल्क" के रूप में जाना जाता है।

उदाहरण के लिए, यदि कोई विकेंद्रीकृत एप्लिकेशन बनाने के लिए एथेरियम ब्लॉकचैन पर कोई स्मार्ट अनुबंध लिखना चाहता है, तो उसे ईथर(एथेरियम का मूल टोकन) के रूप मे शुल्क का भुगतान करना होगा। आप कह सकते हैं कि उसे अपने प्रोजेक्ट के लिए ईथर क्रिप्टोकरेंसी खरीदनी होगी। इस तरह, यदि बहुत से लोग और व्यवसाय अपने स्वयं के विभिन्न उद्देश्यों के लिए एथेरियम ब्लॉकचैन का उपयोग करना चाहेंगे, तो ईथर क्रिप्टोकरेंसी की मांग बढ़ेगी जिससे इसकी कीमत भी बढ़ जाएगी।

इसी तरह, यदि कोई ब्लॉकचैन नेटवर्क वास्तविक जीवन या व्यवसाय की किसी निश्चित प्रकार की समस्याओं को हल करने में सक्षम है, और लोग अपनी समस्याओं को हल करने के लिए इस नेटवर्क का उपयोग करने में रुचि रखते हैं तो इस विशेष ब्लॉकचैन नेटवर्क के मूल टोकन की मांग बढ़ेगी जिस से इसके मूल्य में भी वृद्धि होगी।

इसी तरह, यदि कोई ब्लॉकचैन नेटवर्क वास्तविक जीवन की किसी भी समस्या को हल करने में विफल रहता है, तो लोगों को इस नेटवर्क का उपयोग करने में कोई दिलचस्पी नहीं होगी। इस कारण से इस ब्लॉकचैन नेटवर्क के मूल टोकन की मांग घटेगी जिस से इसके मूल्य में भी कमी आएगी।

एक सर्वेक्षण के अनुसार 86% तकनीकी लोगो का ये मानना है कि ब्लॉकचैन तकनीक में व्यापार की बहुत बड़ी संभावना है। 2024 के अंत तक यह उम्मीद की जा रही है कि ब्लॉकचैन बाजार का वार्षिक राजस्व में $20 बिलियन तक बढ़ जाएगा।

अध्याय - 7

ब्लॉकचैन के अनुप्रयोग।

जैसा मैंने पहले बताया कि ब्लॉकचैन के अंदर वो ताकत है जिससे ये पूरे संसार को बदल सकती है। तो इस अध्याय मे हम इसका विस्तारित अध्ययन करेगे कि अभी कहाँ कहाँ ब्लॉकचैन का प्रयोग हो रहा है और क्यों? कैसे इसके प्रयोग से मुश्किल कामों को बहुत आसानी और जल्दी किया जा रहा है।

1. **ICO - Initial Coin Offering**

ICO को कुछ हद तक हम IPO कि तरह समझ सकते है IPO मे नयी कंपनी अपने लिए पब्लिक से पैसे उठाती है। उसी तरीके से ICO मे नया cion या क्रिप्टोकरेंसी अपने लिए धन उगाहने का काम करता है। अगर आपके पास किसी नई क्रिप्टोकरेंसी का विचार है जो आने वाले समय मे बहुत अच्छा कर सकती है,तो उसके लिए आप पब्लिक से पैसे उगाह सकते है। जैसे स्टॉक मार्केट मे कोई नई कंपनी अपने लिए IPO के तहत धन उगाहने का काम करती है।

ICO कैसे काम करता है

- ➢ एक स्वेत पत्र (White-Paper- शब्दावली मे पूरी जानकारी है) बनाया जाता है। (स्वेत पत्र एक विस्तृत दस्तावेज है जिसमे पूरे टोकन की जानकारी होती है)
- ➢ ICO फंडिंग के लिए Website में ICO का कॉलम जोड़ते है।
- ➢ फिर इसकी मार्केटिंग होती है ताकि ज्यादा से ज्यादा लोगों के पास इसकी जानकारी पहकूहा सके।

➢ फिर ICO को बेचा जाता है (आम तौर पर ICO टोकन के बदले बिटकॉइन या एथेरियम लिए जाते हैं। लेकिन फ़िएट (सरकार समर्थित पारंपरिक) मुद्राएं भी स्वीकार की जा सकती है। जैसे अमेरिकी डॉलर।

➢ जिनको ICO मिलता है उन निवेशकों को टोकन भेजे जाते है।

➢ Ethereum ICO -ये अब तक के सबसे खास ICO मे से एक है जिसने जुलाई 2014 में टोकन बिक्री के साथ लगभग 18.3 मिलियन डॉलर के बराबर धन जुटाया था।

≡ Investopedia Q

TABLE OF CONTENTS ⌄

Examples of Initial Coin Offerings

Ethereum's ICO in 2014 is an early, prominent example of an initial coin offering. The Ethereum ICO raised $18 million over a period of 42 days. [11] In 2015, a two-phase ICO began for a company called Antshares, which later rebranded as Neo. The first phase of this ICO ended in October 2015, and the second continued until September 2016. During this time, Neo generated about $4.5 million. [12]

Photo Source - https://www.investopedia.com/terms/i/initial-coin-offering-ico.asp(accessed-31/08/2022)

कैसे ब्लॉकचैन ICO को आसान बना सकती है।

पारंपरिक बाजार में, यदि कोई कंपनी अपने आपको सार्वजनिक करना चाहती है, तो वो अपना IPO लॉन्च करती है और शेयर बाजार में शामिल हो जाती है। इसके लिए उसको अपने देश के स्टॉक एक्सचेंजों/ बैंक/ रेटिंग कंपनी पर निर्भर रहना पड़ता है। स्टॉक एक्सचेंजों/बैंक और कुछ बिचौलिया के पास स्टॉक मार्केट से किसी भी कंपनी को स्वीकृत या अस्वीकार करने की शक्ति है। इस प्रकार स्टॉक एक्सचेंज निवेशकों और IPO लाने वाली कंपनियों के बीच बिचौलिए के रूप में काम करता है। इस पर बहुत ज्यादा पैसे और समय की बर्बादी होती है। लेकिन आजकल ब्लॉकचैन टेक्नोलॉजी ने इसको बड़े पैमाने पर बदल दिया है। ब्लॉकचैन टेक्नोलॉजी का उपयोग करके, विकेंद्रीकृत एक्सचेंज बनाना संभव हो गया है। Uniswap, Pancakeswap, 1inch कुछ लोकप्रिय विकेन्द्रीकृत एक्सचेंजों (आगे के अध्याय मे इसका विस्तरित वर्णन है) हैं। इस पद्धति का उपयोग करके किसी भी कंपनी के लिए किसी भी केंद्रीकृत स्टॉक एक्सचेंजों पर निर्भर हुए बिना अपनी कंपनी को सार्वजनिक करना 100 गुना आसान हो जाता है। भविष्य मे इस पद्धति का उपयोग करके नयी कंपनी/क्रिप्टोकरेंसी अपने प्रोजेक्ट के लिए ICO के तहत पैसे जोड़ सकती है।

ICO निवेश में बहुत अधिक जोखिम शामिल है। क्यों की IPO की तरह इसमे आपको टोकन कंपनी के बारे मे ज्यादा जानकरी नहीं होती

है। IPO मे हमारे पास कंपनी की बहुत सी मूल जानकारी होती है जैसे 2 - 3 साल की बैलेन्स शीट, प्रॉफ़िट और लॉस का आकड़ा आदि। लेकिन ICO मे ऐसा कोई आकड़ा हमारे पास नही होता है। तो सबसे पहले सही से जानकरी ले और उसके बाद निवेश करे।

2. **Metaverse** - आपने Iron Man फिल्म जरूर देखी होगी, इसमे आपने देखा होगा, कैसे टोनी स्टार्क हवा मे कम्प्युटर प्रोग्राम

देखता है फिर उनको बस एक अंगुली के इशारे पर हटा देता है - लगभग ऐसा ही मान सकते हो आप मेटावर्स को। **यह इंटरनेट का भविष्य का संस्करण है, अगर परिभाषा की बात करे तो -** मेटावर्स को एक बहु-उपयोगी रीयल-समय वर्चुअल स्पेस के रूप में परिभाषित किया जा सकता है जहां दुनिया भर में व्यक्ति नेटवर्क, सह-अस्तित्व, सामाजीकरण और विनिमय मूल्य के माध्यम से जुड़ सकते हैं।

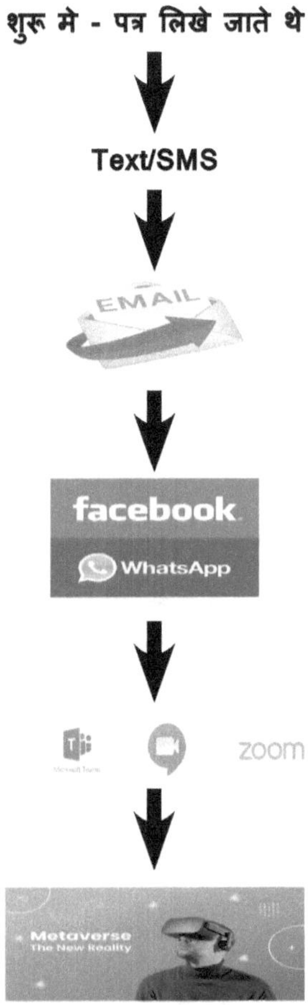

शुरू मे - पत्र लिखे जाते थे

Text/SMS

EMAIL

facebook

WhatsApp

zoom

Metaverse
The New Reality

हम सबको मालुम है कि सबसे पहले आपने text Msg काम मे लिए, उसके बाद आया email, फिर आई Facebook और अब हम Zoom पर बिलकुल आमने सामने बात करते है, यानि समय के हिसाब तकनीक उन्नत होती चली गयी। इसी का अगला संस्करण है Metaverse,जहाँ पर आप अपनी व्यावसायिक बैठकें और साक्षात्कार वर्चुअल कार्यालय से बिल्कुल आमने सामने कर पाओगे और वो भी बिल्कुल वास्तविक अहसाह के साथ।

कैसे ब्लॉकचैन के तहत metaverse लाइफ को आसान बना सकता है।

मान लेते है कि आप हिसार (हरियाणा) के रहने वाले है और आपका नौकरी चेन्नई मे है, लेकिन आपका वर्क प्रोफ़ाइल ऐसा है कि आपको महीने मे 2-3 मीटिंग लेनी होती है बाकी आपका काम घर से चल जाता है। सोचो! अगर कुछ ऐसा हो कि आप अपने घर से ही मीटिंग कर पाये तो कैसा हो। सोचो कितनी ज्यादा सहूलियत हो जाएगी। आने वाले समय मे ये मेटावर्स से 100 % संभव है।

मेटावर्स मे लोग बातचीत कर सकते हैं, खेल सकते हैं, व्यापार कर सकते हैं और दूसरों के साथ संवाद कर सकते हैं, और भी बहुत कुछ। मेटावर्स व्यक्तिगत रचनाकारों और कलाकारों के लिए बड़े अवसर लाएगा। यह उन व्यक्तियों को सहायता प्रदान करेगा जो अपने घर बेठे बहुत दूर काम करना चाहते हैं।

3. NFT (Non-fungible token) गैर-प्रतिस्थापन संपत्ति

सरल शब्दों में कहे तो NFT वे संपत्तियां हैं जिनकी दुनिया में केवल एक प्रति है और इस मूल प्रति को छोड़कर अन्य डुप्लिकेट प्रतियों का कोई मूल्य नहीं है।

थोड़ा आसान भाषा मे समझते है -मान लीजिए आपकी जेब में ₹ 500 का नोट है, अगर आप इसको ₹ 100 के पाच नोटो मे बदल ले तो भी आपके पास बराबर मूल्य है। क्योंकि 500 के एक नोट का मूल्य ₹ 100 के पाँच नोट के बराबर हैं, इसका मतलब है कि सभी ₹ 500 और ₹ 100 के नोट प्रतिदेय संपत्ति हैं। इसी तरह से सोना, चांदी, यहां तक कि क्रिप्टोकरेंसी भी परिवर्तनीय संपत्ति हैं। क्योंकि इनको एक दूसरे के साथ आदान प्रदान किया जा सकता है। यानि ये सभी **प्रतिस्थापन संपत्तिया है।**

अब हम लेते है लता मंगेशकर का गाया गया कोई गीत या फिर मानो दा विंची द्वारा मोनालिसा की पेंटिंग एक NFT है। क्योंकि इन कलाकृति का केवल एक ही मूल टुकड़ा है इसको न तो कोई डिजिटल कॉपी कर सकता है और न ही कोई प्रतिकृति मूल कलाकृति के समान मूल्य रखती है।इसी तरीके से किसी भी प्रकार की पेंटिंग, संगीत, वीडियो सभी गैर-प्रतिस्थापन योग्य संपत्तियों यानि NFT के उदाहरण हैं।

कैसे ब्लॉकचैन के तहत NFT लाइफ को आसान बना सकता है।

पारंपरिक बाजार में, कलाकारों को बहुत सारी समस्याओं का सामना करना पड़ता है

➢ कलाकारों को अपनी कलाकृति को दिखाने के लिए नीलामियों पर निर्भर रहना पड़ता है, जो कई बार बहुत महगी हो जाती है।

➢ कलाकृतियों का प्रचार करना,बेचना एक बहुत धीमी और समस्याग्रस्त प्रक्रिया है। कभी-कभी, किसी गैलरी या नीलामी से कोई कलाकृतियां खरीदना ग्राहकों के लिए बहुत जोखिम भरा होता है क्योंकि उनके पास कलाकृति की मौलिकता के बारे में प्रमाणन प्राप्त करने का कोई तरीका नहीं होता है।

➤ कई बार नकली कलाकृतियां को खरीद कर लोग ठगे जाते हैं और उनका सारा पैसा बर्बाद हो जाता है।

➤ ब्लॉकचैन इन सभी समस्या को बहुत हद तक कम कर देगा।

4. DEFI (DE Decentrlized+FI Finacne) विकेन्द्रीकृत + वित्त

विकेंद्रीकृत वित्त DEFI ब्लॉकचैन नेटवर्क पर आम जनता के लिए वित्तीय सेवा को उपलब्ध कराने का एक साधन है। आम ज़िंदगी मे किसी भी वित्तीय सेवा के लिए आपको बैंक/ बिचौलिया पर निर्भर रहना पड़ता है। लेकिन ब्लॉकचैन ने इसको बिलकुल आसान बना दिया है। यह एक खुला तंत्र है जिसमे आपको किसी बिचौलियों की जरूरत नही पड़ती है। इसके अलावा, बैंक या ब्रोकरेज खाते के विपरीत, DEFI मे आपको आधार कार्ड या सरकार द्वारा जारी आईडी या पते के प्रमाण की आवश्यकता नहीं होती है। इसके बजाय, DeFi एक ऐसी प्रणाली को संदर्भित करता है जिसमें विक्रेता, खरीदार, ऋणदाता और उधारकर्ता सभी एक सॉफ़्टवेयर-आधारित मध्यस्थ के साथ जुड़ते हैं, ना कि एक फर्म या संगठन से। विकेंद्रीकरण के लक्ष्य को प्राप्त करने के लिए, विभिन्न प्रोटोकॉल और प्रौद्योगिकियों को नियोजित किया जाता है।

DEFI ही क्यों? - DeFi का उद्देश्य लेन-देन करने वाली पार्टियों के बीच बिचौलियों को खत्म करना है। समय के साथ इसका प्रयोग बड़ी तेजी से बढ़ता जा रहा है।

तो, यह ब्लॉकचैन प्रौद्योगिकी के कुछ सबसे लोकप्रिय कार्यान्वयन हैं। लेकिन ब्लॉकचैन का कार्यान्वयन और उपयोग अंतहीन है और यह दिन-ब-दिन तेजी से बढ़ रहा है।

खेती से लेकर ई-कॉम उद्योग, चिकित्सा से लेकर आभूषण उद्योग तक, हर कोई अपने व्यवसाय को अधिक सुचारू रूप से चलाने के लिए स्मार्ट अनुबंध और ब्लॉकचैन को काम मे ले रहे है।

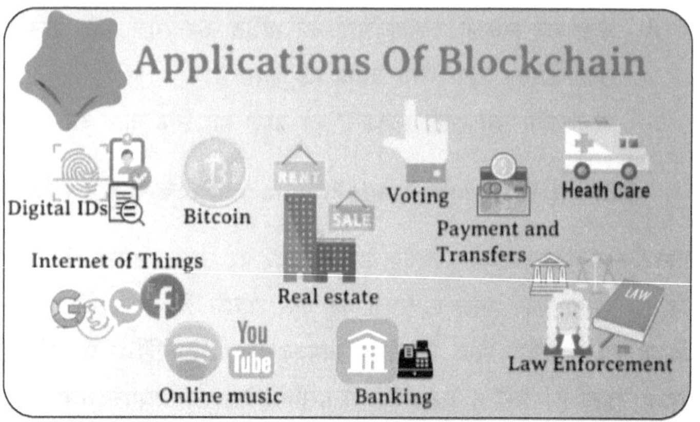

एक डाटा के हिसाब से आज के समय क्रिप्टोकरेंसी मे सबसे ज्यादा निवेशक IT पेशेवर है जिनकी लगभग निवेश राशि कुल निवेश का 15%है।

अध्याय - 8

कुछ खास क्रिप्टोकरेंसी

यहाँ हम कुछ लोकप्रिय और अनोखी क्रिप्टोकरेंसी की प्रमुख विशेषताओं को जानने की कोशिश करेंगे, जिससे ये भी पता लगेगा कि किसी मजबूत क्रिप्टोकरेंसी मे क्या-क्या खासियत होती है।

Bitcoin

- क्रिप्टोकरेंसी रैंकिंग मे सूची में Bitcoin एक नंबर पर है।

- इसको 2008 में विकसित किया गया था। बिटकॉइन सभी क्रिप्टोकरेंसी का चमकता सितारा है, यह पूरे बाजार को अपनी ओर आकर्षित करने की क्षमता रखता है। 2008 में इसका मूल्य ना के बराबर था और आज इसका मूल्य 30 लाख के आस पास है।

- क्योंकि बिटकॉइन सभी क्रिप्टोकरेंसी का सुपरस्टार है, यह पूरे बाजार को अपनी ओर खींच लेता है।

- बिटकॉइन माइनिंग के लिए बहुत अधिक (व्यर्थ) ऊर्जा की आवश्यकता होती है।

- कुछ देश इसको वैधानिक रूप से काम में ले रहे है।

- इसकी कुल संख्या 21 मिलियन है जिसको किसी भी तरीके से बढ़ाया नही जा सकता है।

- इसके बारे में हम सब ने कई दफा और कई स्थानों पर जरूर सुना है। कुछ लोग मानते हैं कि बिटकॉइन ही क्रिप्टोकरेंसी है। वैसे ये सबसे पहली क्रिप्टोकरेंसी है।आज के समय बिटकॉइन माइनिंग के लिए बहुत अधिक ऊर्जा की आवश्यकता होती है।

Photo Source -CoinGecko mobile App (accessed-31/08/2022) Data Dated-11/08/2022

बिटकॉइन ऐतिहासिक मूल्य चार्ट

Year	Price $	Change $	Year on year (%)
2010	0.09	0	0
2011	0.3	0.21	249.65
2012	5.27	4.97	1,655.90
2013	13.3	8.04	152.56
2014	770.44	757.13	5,690.96
2015	313.92	-456.51	-59.25
2016	434.46	120.54	38.4
2017	997.69	563.23	129.64
2018	13,412.44	12,414.75	1,244.35
2019	3,869.47	-9,542.97	-71.15
2020	7,188.46	3,318.99	85.77
2021	29,391.78	22,203.31	308.87
2022	47,743	18,351.22	62.44
Today	20,000		

यह तालिका प्रत्येक वर्ष 1 जनवरी को बिटकॉइन ऐतिहासिक मूल्य प्रदर्शित करती है।

यहाँ पर हम कुछ महत्वपूर्ण बिन्दु पर चर्चा करते है:

- अगर आपने 2010 से ले कर 2013 मे बिटकॉइन खरीदा होता तो आप आज के करोड़पति होते।
- मान लो आपने 2012 मे 10000 का बिटकॉइन लिया होता, उस समय डॉलर का रेट ₹53 था और बिटकॉइन का मूल्य

5.27 डॉलर तो इस हिसाब से आप ₹ 10000 से 35 बिटकॉइन खरीद पाते जिसका अगर आज यानि 01/09/2022 का मूल्य दिखे तो 35*20000*80 = 5.60 करोड़ हो जाता। अगर हम बिटकॉइन के अधिकतम मूल्य ले तो 35*70000*75= 18.37 करोड़। एक बार सोच कर देखे।

- लेकिन अगर आपने 2022 के शुरू मे बिटकॉइन खरीदा होता तो आज आपका पोर्टफोलियो लॉस मे होता। यानि आपने किस समय खरीदा ये बात भी बहुत ज्यादा **महत्वपूर्ण है।**

Ethereum

- 2013 तक मार्केट मे बस एक ही क्रिप्टोकरेंसी थी - बिटकॉइन।

- 2013 मे रूसी अमेरिकी नागरिक विटालिक ब्यूटिरिन (जन्म -1994) ने इसे प्रस्तावित किया था जिसने क्रिप्टोकरेंसी / ब्लॉकचैन के भविष्य को पूरी तरह से बदल दिया।

- यह बिटकॉइन के बाद, सबसे महत्वपूर्ण क्रिप्टोकरेंसी है, और ईथर इसका मूल टोकन है।

- एथेरियम को आमतौर पर एक उद्यम ब्लॉकचैन के रूप में जाना जाता है,क्यों कि लोगों/कंपनी/देशो को ये अपने ब्लॉकचैन पर व्यवसाय बनाने की अनुमति देता है।

- अभी यह मार्केट कैप के हिसाब से नंबर दो पर है

- अगर बिटकॉइन भविष्य का वैकल्पिक वित्त और भुगतान प्रणाली हो सकता है, तो फिर एथेरियम नए इंटरनेट का भविष्य है।

- ETH GAS - मान लो Ethereum एक शहर है जो लोगों और गगनचुंबी इमारतों से बना है, तो ईथर को आप इस शहर की बिजली के समान मान सकते हो, यानि यह इसका मूल टोकन है।

ETH $1,603.93 ▲ 1.3%			

Price Chart Exchanges Portfolio Info

Market Cap Rank	#2
Market Cap	$193,433,095,655
Trading Volume	$21,027,787,588
24H High	$1,614.12
24H Low	$1,479.78
Available Supply	120.3 Million
Total Supply	120.3 Million
Max Supply	?
All-Time High	$4,878.26 ▼ 67.1% November 10, 2021 (293 days)
All-Time Low	$0.432979 ▲ 371,111% October 20, 2015 (2507 days)

Photo Source –CoinGecko mobile App (accessed–31/08/2022)

एथिरियम *क्रिप्टोकरेंसी* - विडियो जानकारी के लिए QR code को स्कैन करे।

BNB

- सर्वज्ञात है कि क्रिप्टोकरेंसी को खरीदने बेचने के लिए हमे एक प्लैटफ़ार्म चाहिए। आज के समय Binance विश्व का सबसे बड़ा क्रिप्टोकरेंसी एक्सचेंज है।Binance का उद्देश्य क्रिप्टोकरेंसी एक्सचेंजों को विश्व स्तर पर वित्तीय गतिविधियों में सबसे आगे लाना है इसलिए Binanceने उपयोगकर्ताओं के लिए एक संपूर्ण पारिस्थितिकी तंत्र लॉन्च किया है।जिसमे आप Binancechain, Binance एकेडमी, TrustWallet आदि काम मे ले सकते हो

- BNB, Binance ब्लॉकचैन का मूल टोकन है यानि यह एक एक्स्चेंज टोकन है। अगर आप BNB टोकन से Binance पर लेनदेन करते है तो आपको नेटवर्क फीस के अंदर छूट मिलती है।

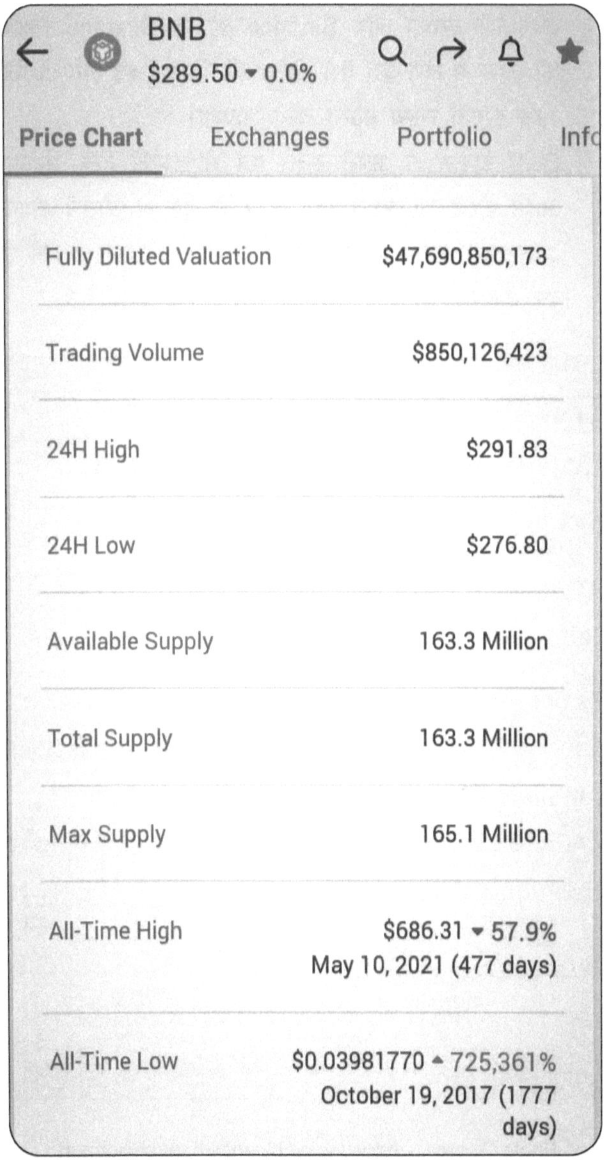

BNB
$289.50 ▾ 0.0%

Price Chart   Exchanges   Portfolio   Info

Fully Diluted Valuation	$47,690,850,173
Trading Volume	$850,126,423
24H High	$291.83
24H Low	$276.80
Available Supply	163.3 Million
Total Supply	163.3 Million
Max Supply	165.1 Million
All-Time High	$686.31 ▾ 57.9% May 10, 2021 (477 days)
All-Time Low	$0.03981770 ▴ 725,361% October 19, 2017 (1777 days)

Photo Source –CoinGecko mobile App (accessed-31/08/2022)

- जैसे-जैसे ज्यादा लोग Binance को या Binance ब्लॉकचैन को काम मे लेगे वैसे वैसे टोकन की डिमांड बढ़ जाएगी जिसके साथ इसका मूल्य बढ़ता चला जाएगा।

- BNB टोकन ने अपने स्वेत पत्र मे इसकी कुल संख्या को आधा करने का लक्ष्य रखा है यानि शुरू मे जीतने टोकन थे आने वाले समय मे ये कोइन बर्निंग के तहत इनको आधा कर देगा।

The 19th Quarterly BNB Burn Completed via BNB Auto-Burn

2022-04-19 14:58

Fellow Binancians,

As per the BNB Auto-Burn procedure, the 19th quarterly BNB token burn of 1,839,786.26 BNB has been completed. The latest quarterly burn includes 9,403.78 BNB that was effectively burned via the Pioneer Burn Program.

19th Quarterly BNB Burn Txid: https://explorer.binance.org/tx/7EA14BB56EF812C142242F360E938BF545E5E17446039DD7D9CB6C9D1EE09DB9

Photo Source - https://www.binance.com/en/support/announcement/57641123c21f4aa9ba6e3f0f20f6735b

(accessed-31/08/2022)

BAT (Basic Attention Tokan)

- आज के समय मे हर इंसान GoogleChrome, Firefox, InternetExplorer को काम मे ले रहा है। अब अगर मैं आपसे कहूँ आप दिन मे 1 घंटे GoogleChrome काम मे लेते है। तो एक साल मे आपने लगभग 1*30*365=10950 घंटे इसको काम मे लिया। अगर आपने इंटरनेट एक्सप्लोरर को इतना काम मे लिया तो किसी ना किसी ने जरूर इससे कुछ आमदनी बनाई होगी।

  कैसे Google, Microsoft दुनिया कि सबसे बड़ी कंपनी है। सोचो?

  अगर अब मैं आपसे कहूँ इन्ही 10950 घंटे के आपको पैसे मिल तो।

- **BAT, Brave का मूल टोकन है।** Brave एक ब्लॉकचैन -आधारित सर्च इंजिन है जो बिलकुल GoogleChrome, Firefox, Internet Explorer की तरह काम करता है।

- ब्रेंडन ईच ने Brave को बनाया है **जो Mozilla Firefox के संस्थापक है।** ये एक्सप्लोरर अर्थात् Brave सक्रिय रूप से अनवांछित विज्ञापन को ब्लॉक करता है, ताकि आपकी ब्राउज़िंग सुरक्षित, निजी और तेज़ हो सके।

- इसकी सबसे अहम विशिष्टता यह है कि जो विज्ञापन आप देखना चाहते हो वही आप चुन सकते हो। और जब भी आप उस विज्ञापन देखते हो तो उसकी कुछ आमदनी आपको, कुछ आमदनी बनाने वाले को और कुछ Brave के पास चली जाती है। जब आप विज्ञापन देखते है तो आपको बैट टोकन अर्जित करने का मौका मिलता है और जितना अधिक समय आप उनकी सामग्री और उसके साथ दिखाये जाने वाले विज्ञापनों को देखने में व्यतीत करते हैं, उतना ही अधिक बैट कमाते

हैं। आप BAT टोकन को बाद मे बेच कर इससे फिएट मुद्रा भी बना सकते हैं।

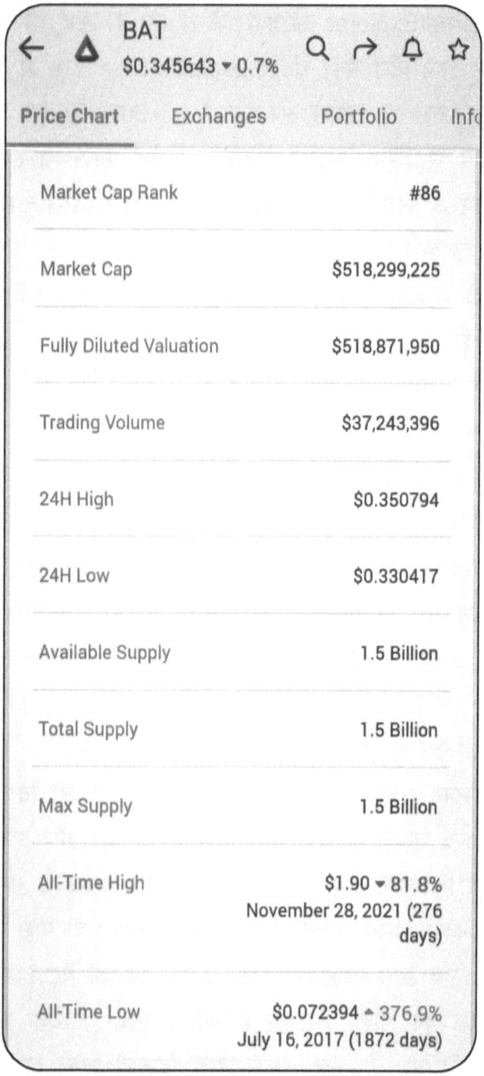

BAT
$0.345643 ▾ 0.7%

Price Chart	Exchanges	Portfolio	Inf

Market Cap Rank	#86
Market Cap	$518,299,225
Fully Diluted Valuation	$518,871,950
Trading Volume	$37,243,396
24H High	$0.350794
24H Low	$0.330417
Available Supply	1.5 Billion
Total Supply	1.5 Billion
Max Supply	1.5 Billion
All-Time High	$1.90 ▾ 81.8% November 28, 2021 (276 days)
All-Time Low	$0.072394 ▴ 376.9% July 16, 2017 (1872 days)

Photo Source -CoinGecko mobile App (accessed-31/08/2022)

Filecoin

बहुत बार आपने गाड़ी किराये पर ली है?

बहुत बार आपने घर किराये पर लिया है?

लेकिन क्या आपने कभी अपने डाटा को स्टोर करने के लिए डिजिटल स्टोरेज किराये पर लिया है?

- फाइलकोइन एक विकेन्द्रीकृत, पीयर-टू-पीयर डिजिटल स्टोरेज मार्केटप्लेस है, जो ब्लॉकचैन टेक्नोलॉजी का उपयोग करके बनाया गया है।

- इसके तहत उपयोगकर्ता अपने बिना काम आने वाले हार्ड डिस्क अथवा स्टोरेज को किराए पर दे सकता है और बदले में FIL टोकन अर्जित कर सकता है।

- इसका मुख्य उद्देश्य दुनिया भर में फ्री डेटा स्टोर रखने वाले लोगों को आमदनी एक नया तरीका प्रदान करना है। जब लोगों के पास मुफ्त भंडारण उपलब्ध होता है, तो वे भंडारण खनिक (Miner) बन सकते हैं, जो फाइलकोइन नेटवर्क पर डेटा संग्रहित करते हैं।

- ग्राहक डेटा को स्टोर और पुनर्प्राप्त करने के लिए FIL टोकन का भुगतान करते हैं।

FIL $5.69 ▼ 2.1%	

⚠ Filecoin here refers to... Show More ✕

Price Chart Exchanges Portfolio Info

Market Cap Rank	#37
Market Cap	$1,547,742,798
Fully Diluted Valuation	$11,206,389,868
Trading Volume	$127,673,128
24H High	$5.87
24H Low	$5.69
Available Supply	271.8 Million
Total Supply	2.0 Billion
Max Supply	2.0 Billion
All-Time High	$236.84 ▼ 97.6% April 01, 2021 (517 days)
All-Time Low	$4.83 ▲ 17.8% June 19, 2022 (74 days)

Photo Source -CoinGecko mobile App (accessed-01/09/2022)

Swipe

आपको पता है सोने की पूरी दुनिया मे इतनी कीमत कैसे है? क्योंकि आप उसके बदले मे कोई भी मुद्रा खरीद सकते है। ऐसा ही कुछ करता है Swipe टोकन।

- Swipe अपने उपयोगकर्ताओं को उत्पादों और सेवाओं की एक विस्तृत विविधता प्रदान करता है।

- Swipe का वीज़ा डेबिट कार्ड और मल्टी-एसेट डेफी ऐप आपको क्रिप्टोकरेंसी, फिएट मुद्राओं, स्थिर सिक्कों (Stable-Coin) के बीच तुरंत परिवर्तित करने की अनुमति देता है।

- इसका मूल टोकन है SXP (Swipe का मूल टोकन) जो दुनिया भर में 60 मिलियन से अधिक स्थानों पर भुगतान करने के लिए उपयुक्त है। लेकिन यह केवल उन व्यापारियों के माध्यम से संभव है जो क्रिप्टोकरेंसी या स्वाइप वीज़ा कार्ड स्वीकार करते हैं। लेन-देन के संदर्भ में, SXP को Ethereum और Binance Chain दोनों पर स्थानांतरित किया जा सकता है।

- दूसरा लाभ यह है कि swipe धारक इसके शुल्क पर विभिन्न छूट प्राप्त कर सकते हैं।

यानि कहने का मतलब है आप जब भी कोई भी क्रिप्टोकरेंसी को चुने सबसे पहले उसके बारे मे जायदा से जायदा जानकारी ले फिर उसमे निवेश करने का फैसला ले।

अध्याय - 9

क्रिप्टोकरेंसी - वालेट

एक पारंपरिक वॉलेट वह जगह है जहाँ आप अपने मूल्यवान व्यक्तिगत सामान रखते हैं, ठीक वैसे ही **एक क्रिप्टोकरेंसी वॉलेट आपको अपनी क्रिप्टोकरेंसी प्रबंधन करने में मदद करता है।** क्रिप्टोकरेंसी के लिए विविध प्रकार के क्रिप्टोकरेंसी वॉलेट काम मे लिए जा सकते हो, उनमें से कुछ प्रमुख है। **एक क्रिप्टोकरेंसी वॉलेट एक सॉफ्टवेयर प्रोग्राम है जो आपको अपनी क्रिप्टोकरेंसी प्रबंधन करने में मदद करता है।**

क्रिप्टोकरेंसी वॉलेट के साथ, आप न केवल अपने डिजिटल के मूल्य को स्टोर कर सकते हैं बल्कि आप इसका लेन-देन भी कर सकते है। आप क्रिप्टोकरेंसी के लिए बहुत तरह के क्रिप्टोकरेंसी वॉलेट काम मे ले सकते हो, उनमे से कुछ प्रमुख है

हॉट वॉलेट: इंटरनेट से जुड़ा वॉलेट।

- कोल्ड वॉलेट: एक वॉलेट जो इंटरनेट से जुड़ा नहीं है।
- मोबाइल -इसको आप मोबाइल फोन से चला सकते है।
- डेस्कटॉप - इसको आप कम्प्युटर पर काम मे ले सकते है।
- **वॉलेट का पता**: एक नंबर जो पारंपरिक बैंक खाता की तरह काम करता है

सार्वजनिक कुंजी/ निजी कुंजी (Public & PrivateKey) = एक कोड जो आपको अपने क्रिप्टोकरेंसी प्राप्त करने की अनुमति देता है।

सुरक्षा- यह आपके अपने निजी पासवर्ड है, जिसका प्रयोग कर के आप अपने वॉलेट को खोलते हो। इसमे आप SMS और Email सत्यापन भी लगा सकते हो।

वॉलेट कैसे काम करता है - क्रिप्टोकरेंसी वॉलेट वास्तव में क्रिप्टोकरेंसी को स्टोर नहीं करते हैं। बल्कि, ये स्टोर करते हैं क्रिप्टोकरेंसी की निजी और सार्वजनिक कुंजी। कोई भी दो वॉलेट के पते कभी भी एक जैसे नहीं होते हैं। मानो अपने उंगलियों के निशान। इसका अर्थ है कि इस बात की बहुत कम संभावना है कि गलती से कोई दूसरा आपका धन प्राप्त कर ले।

एक डाटा के हिसाब से अभी तक लगभग 20 % यानि 40 लाख बिटकॉइन हमेशा के लिए खो गए है। इसका मतलब है या तो कोई अपना पासवर्ड भूल गया या किसी और कारण से। जिनकी आज के तारीख मे लगभग कीमत 12 करोड़ लाख बनती है। इसलिए अपने क्रिप्टोकरेंसी खाते को सुरक्षित करना बहुत बहुत जरूरी है क्यों कि यहाँ पर अगर एक बार आपकी क्रिप्टोकरेंसी के साथ हेर फेर हुई तो उसको ठीक करना काफी मुश्किल है।

अध्याय - 10

क्रिप्टोकरेंसी - एक्सचेंज

हम मे से बहुत से लोग स्टॉक मार्केट एक्सचेंज के बारे सुना है या काम मे लिया है। स्टॉक मार्केट एक्सचेंज कि तरह यहाँ पर आप क्रिप्टोकरेंसी को खरीद बेच सकते हो। मुख्य रूप से दो प्रकार के क्रिप्टोकरेंसी एक्सचेंज काम मे लिए जाते हैं।

केंद्रीकृत एक्सचेंज और विकेंद्रीकृत एक्सचेंज

केंद्रीकृत एक्सचेंजों और विकेन्द्रीकृत एक्सचेंजों के बीच बहुत सारे तकनीकी और परिचालन अंतर हैं, लेकिन उनके बीच मुख्य अंतर है केंद्रीकृत प्राधिकरण का। केंद्रीकृत एक्सचेंज के पीछे एक इकाई होती है जिसके पास इसको नियंत्रित करने की शक्ति होती है। वही विकेंद्रीकृत एक्सचेंज में पूरी प्रणाली ब्लॉकचैन पर बनी है और किसी एक संस्थान के पास इसको नियंत्रित करने की शक्ति नहीं होती है।

केंद्रीकृत एक्सचेंज को काम मे लेना काफी आसान है जैसा हम स्टॉक के लिए Zerodha,Upstock को काम मे लेते है लगभग वैसा अनुभव आपको केंद्रीकृत एक्सचेंज पर मिलेगा। दूसरी तरफ विकेंद्रीकृत एक्सचेंज को काम मे लेना केंद्रीकृत एक्सचेंज से थोड़ा सा मुश्किल है। लेकिन क्रिप्टोकरेंसी के विकेन्द्रीकरण को यही एक्सचेंज पूरा करते है यानि बिना किसी केंद्रीय शक्ति के काम करना।

- केंद्रीकृत एक्सचेंज - Binance, Bitmart, CoinDCX etc
- विकेंद्रीकृत एक्सचेंज - UNISWEP, PANCKAE etc

अब थोड़ा सा हम Binanceके बारे मे जानते है। इसको जानने के पीछे ये कारण नही की हम इसका प्रचार कर रहे है बल्कि इससे आपको थोड़ा एक्स्चेंज के बारे मे विस्तरित रूप मे पता लगेगा, ताकि आप किसी भी एक्स्चेंज मे खाता खोलने से पहले ये सब बिन्दु देख सके और फिर अपना एक सही फैसला ले सके।

Binance के बारे मे कुछ जरूरी पॉइंट्स

1. यह दुनिया का सबसे बढ़ा केंद्रीकृत एक्सचेंज है, जिसने 2007 से काम करना शुरू किया था।

2. यहा पर आपको लगभग सारी प्रमुख करेंसी खरीदने बेचने के लिए मिल जाएगी।

3. बहुत बार आपने यह अनुभव किया है जब भी क्रिप्टोकरेंसी करंसी के मूल्य मे बहुत ज्यादा उतार चढ़ाव होता है, तो बहुत सारे एक्सचेंज उस समय पर काम करना बंद कर देते है यानि उस समय हम ना तो उसमे पैसे (यानी फिएट करेंसी) को जमा कर सकते है ना निकाल सकते है। Binance मे आपको इस समस्या का सामना कभी नहीं करना पड़ेगा।

4. Binance मे आपको लिक्विडिटी बहुत अच्छी मिल जाएगी यानी कभी भी क्रिप्टोकरेंसी को खरीद बेच सकते है।

5. Binance की ग्राहक सेवा बहुत बेहतरीन है, जिससे आप तुरंत अपने किसी भी समस्या का समाधान पा सकते हैं।

6. यह आपको दो वर्जन के अंदर मिलता है, एक है BinacnePro और दूसरा BinanceLite। आप अपनी सहूलियत के हिसाब से जो चाहे काम में ले सकते हैं।

7. Binance पर आप अपनी क्रिप्टोकरेंसी पर बहुत तरह की निष्क्रिय आमदनी(Passive Income - आगे के अध्याय मे इसका विस्तरित वर्णन है) भी बना सकते हैं।

क्रिप्टोकरेंसी - एक्सचेंज - विडियो जानकारी के लिए QR code को स्कैन करे।

Binance के CEO चंगपेंग ज़्हओ की उम्र मात्र 44 साल है और वो दुनिया के टॉप अमीर लोगों मे शामिल है। इसके 2 फायदे है एक तो Binance को वो अपडेट करते जा रहे है जब शुरू मे Binance आया तो वो केवल एक क्रिप्टोकरेंसी प्लैटफ़ार्म था। समय के साथ साथ फिर Binance की ब्लॉकचैन आई फिर BNB कोइन आया। पैसे की परचुरता होने के कारण वो Binance को और ज्यादा अपडेट बना सकते है।

Photo Soucre -https://www.forbes.com/profile/changpeng-zhao/?sh=5 0b44b266277(accessed-31/08/2022)

अध्याय - 11

क्रिप्टोकरेंसी - टैक्स

जब भी हम कही निवेश करते है तो ये जरूर देखते है कि उस पर टैक्स कितना लग रहा है। और हमेशा टैक्स की दरों को देख कर ही निवेश किया जाता है। तो इस अध्याय में हम बात करने वाले हैं क्रिप्टोकरेंसी टैक्सेशन को लेकर। भारत मे 01/04/2022 से क्रिप्टोकरेंसी टैक्स पर नये नियम बने है जो इस प्रकार है:

1. **30% टैक्स** - 01/04/2022 से क्रिप्टोकरेंसी के ऊपर जो भी प्रॉफ़िट होता है, उसके ऊपर आपको सीधा/flat 30% टैक्स देना होगा। स्टॉक की तरह क्रिप्टोकरेंसी मे शॉर्ट टर्म, लॉन्ग टर्म के अलग अलग तरह कोई नियम नही है।

2. **TDS*-** जो भी ट्रांजैक्शन आप क्रिप्टोकरेंसी को लेकर करते हो उसके ऊपर आपको टैक्स के अलावा 1% TDS अलग से देना होगा। मान लेते कि आज आपने ₹100000 का बिटकॉइन खरीदा 6 महीने बाद उसके ऊपर आपको ₹50000 का नुकसान हो गया तो इस ₹100000 बिटकॉइन का आज का मूल्य बचा ₹50000। अगर आप इस 50,000 को अपने खाता में वापिस लेना चाहते हो तो आपको 1% TDS देना होगा। यानि ₹500 का TDS कटने के बाद आपको मिलेगा ₹49500। यही आपको अपने लाभ निकासी के समय पर देना होगा।

3. **नो होल्डिंग बेनिफ़िट** - अब तक अगर आप स्टॉक मार्केट से एक साल से कम समय मे प्रॉफ़िट बनाते थे तो आपको जीरो

15% टैक्स देना पड़ता है और अगर आप एक साल से ज्यादा समय मे प्रॉफ़िट बनाते थे तो आपको 10 % टैक्स देना पड़ता है। लेकिन क्रिप्टोकरेंसी के मामले में ऐसा नहीं है यहाँ पर आपको 30% सीधा टैक्स देना पड़ेगा।

4. **NO Set Off** - मान लेते हैं 1 तारीख को आपने ₹ 100000 का बिटकॉइन और ₹ 100000 का ईथर खरीदा बिटकॉइन पर आपको एक लाख का प्रॉफ़िट हो गया और ईथर पर आपको ₹ 50000 का नुकसान हो गया, यानि आपका पूरा ₹ 50000 का प्रॉफ़िट बना। अब मान लो स्टॉक मार्केट मे भी आपका प्रॉफ़िट ₹ 50000 बना तो आपके नियम के हिसाब से ₹ 50000 पर टैक्स देना होता। लेकिन क्रिप्टोकरेंसी के मामले मे यहा आपके नुकसान से कोई लेना देना नही है यहा आपको सीधा अपने ₹ 100000 के प्रॉफ़िट पर 30% टैक्स देना होगा।

5. **No Carry Forward** - मान लेते हैं कि आपकों किसी साल में बिटकॉइन में ₹ 50000 का नुकसान हो गया और अगले साल आपने बिटकॉइन से ₹ 100000 का प्रॉफ़िट बनाया। अब स्टॉक मार्केट में क्या होता था पिछले साल जो 50000 का नुकसान हुँआ, इसको हम अगले साल कैरी फॉरवर्ड कर सकते थे यानी दोनों सालों का मिलाकर आपका टोटल प्रॉफिट 50,000 बना तो आपकों 50000 पर टैक्स देना होता था। लेकिन क्रिप्टोकरेंसी के मामले मे ऐसा नही है जो 1 साल के अंदर □100000 का प्रॉफिट है उसके पूरे के ऊपर आपको 30% टैक्स देना पड़ेगा।

दो बातों का जरूर ध्यान रखे कि भारत का सविधान लचीला है, यानि उसमे कभी भी बदलाव किया जा सकता है। तो 30% टैक्स का नियम ऐसा नही है कि ये हमेशा के लिए पक्का हो गया हो। दूसरा आप क्रिप्टोकरेंसी पर आज के समय मे 20,30,40,50 और तो और 100% तक की निष्क्रिय आय क्रिप्टोकरेंसी पर बना सकते है। तो अगर कही पर आपने 40% निष्क्रिय आय बनाई और मूल्यव्रिध का लाभ अलग से मिले तो 30% टैक्स देने मे कोई बड़ी बात नही है।

क्रिप्टोकरेंसी टैक्स - विडियो जानकारी के लिए QR code को स्कैन करे।

अध्याय - 12

क्रिप्टोकरेंसी - आमदनी

इससे पहले वाले अध्याय मे आपने क्रिप्टोकरेंसी पर टैक्स के बारे मे जाना, अब हम जानने वाले है की हम क्रिप्टोकरेंसी पर कितने तरह की आमदनी बना सकते है। इसके बाद आपको सिक्के के दोनों पहलू का पता लग जाएगा यानि क्रिप्टोकरेंसी पर टैक्स कितना है और इस से आमदनी कितनी है। जिससे हम क्रिप्टोकरेंसी निवेश का एक सही निर्णय ले पायेगे।

आप क्रिप्टोकरेंसी पर 2 तरह की आमदनी बना सकते हो।

A.   Active (सक्रिय) आमदनी

B.   Passive (निष्क्रिय) आमदनी

A. Active (सक्रिय) आमदनी

1.   बिटकॉइन माइनिंग

जोखिम: मध्यम

कमाई की संभावना: शुरुवात मे ज्यादा अभी बहुत कम

कठिनाई: ज्यादा

बिटकॉइन माइनिंग क्रिप्टोकरेंसी कमाने के सबसे पुराने तरीकों में से एक है। पिछले अध्यायों मे आपने POW के बारे मे विस्तार पूर्वक जाना और ये भी जाना था कि जो इस काम (POW) को सफलतापूर्वक कर लेते है उनको इनाम मे मूल टोकन मिलते है। इस प्रक्रिया को

माइनिंग और इसको करने वालो को माइनर कहते है। बिटकॉइन माइनिंग शुरुवात में क्रिप्टोकरेंसी अर्जित करने के लिए एक आकर्षक व्यवसाय मॉडल रहा है। लेकिन हाल के वर्षों में इसकी लाभप्रदता में काफी कमी आई है क्यों कि जैसे जैसे बिटकॉइन की संख्या मे कमी आ रही है और माइनर की संख्या बढ़ती जा रही है जिस कारण से ये और ज्यादा मुश्किल होती जा रही है।

2. क्रिप्टोकरेंसी ट्रेडिंग

जोखिम: आपकी अनुभव के हिसाब से

कमाई की संभावना: मध्यम

कठिनाई: मध्यम

इसको हम स्टॉक मे intraday के नाम से जानते है, इसमे आप रोज क्रिप्टोकरेंसी की ट्रेडिंग करके लाभ कमा सकते है। इसमे आपको त्वरित, लगातार और अल्पकालिक खरीद और बिक्री करनी होती है, बहुत सारे क्रिप्टोकरेंसी एक्सचेंज इसके लिए उपयोगकर्ता को बहुत तरह के डिजिटल टूल्स प्रदान करते है। लेकिन आपको पहले इसको सही से सीखना चाहिए और फिर आगे बढ़ना चाहिए। क्यों की इसमे जोखिम ज्यादा हो सकता है।

3. होल्डिंग क्रिप्टोकरेंसी

जोखिम: मध्यम

कमाई की संभावना: उच्च

कठिनाई: आसान

क्रिप्टोकरेंसी "होल्डिंग" क्रिप्टोकरेंसी डिजिटल संपत्ति अर्जित करने के सबसे पुराने और सबसे लोकप्रिय तरीकों में से एक है। होल्डिंग का

अर्थ है लंबे समय के लिए निवेश करना (कुछ महीनों से लेकर कई वर्षों तक)।

अभी तक लोगो ने इस पद्धति के साथ बहुत अच्छा धन बनाया है और अच्छा धन बनाने के लिए ये जरूरी भी है। आपने बहुत बार ये सुना होगा कि जिन लोगो ने 2013 मे बिटकॉइन खरीदा वो आज करोड़पति हो गए है लेकिन आप ये सोच कर दिखो कितने ऐसे लोगो होगे जो 2013 से 2021 तक बिटकॉइन मे निवेशित रहे होगे। मेरे एक दोस्त ने 2015 के अंदर 1 लाख का बिटकॉइन खरीदा थोड़े समय बाद जैसे ही 1 लाख का 2 लाख हुआ उसने बेच दिया, और हममे से 95% लोगो ऐसा ही करते है। **तो सही टोकन को सही समय पर खरीद कर सही समय के लिए निवेशित रहना ही सफलता का राज है।** अभी कुछ क्रिप्टोकरेंसी ऐसे है जिनको अगर आप केवल होल्ड कर के रखते है तो भी उन पर आपको एक्सट्रा टोकन मिलते है।

B. Passive (निष्क्रिय) आमदनी

अगर मैं आपसे कहूं आपको नौकरी से ₹100000 हर महीने और आपकी दुकान के किराए से ₹75000 हर महीने मिलते है। अगर दोनों में से कोई एक आमदनी रखने को कहा जाए तो 90% लोग दुकान वाली आमदनीको चुन लेगे। क्यों! क्यों कि यहां पर पैसे कमाने के लिए आपकों हर दिन काम नहीं करना पड़ता इसमे हमारी दुकान ही काम करती है। तो इसी तरह क्रिप्टोकरेंसी मे भी क्रिप्टोकरेंसी ही हमारे लिए काम करती है। जिसके कुछ लोकप्रिय तरीके निम्न है:

1. **क्रिप्टोकरेंसी स्टेकिंग (Staking)**

   जोखिम: कम

   कमाई की संभावना: उच्च

   कठिनाई: आसान

POS के बारे मे हम पहले ही जान चुके है। नयी क्रिप्टोकरेंसी परियोजनाओं के बीच ये तेजी से लोकप्रिय हो रहा है, खासकर एथेरियम 2.0(एथेरियम का अद्यतन टोकन - शब्दावली मे इसका विस्तरित वर्णन है) के लॉन्च के साथ। POS मे सत्यापनकर्ता लेन-देन को सत्यापित करने के लिए अपने टोकन की एक विशिष्ट राशि को लॉक कर देते हैं जिसे स्टेकिंग कहा जाता है। अगर वो सत्यापनकर्ता उस लेनदेन को पूरा कर देते है तो बदले में उनको मूल टोकन पुरस्कार के रूप मे मिलता है। अपने अवसरों को अधिकतम करने के लिए बहुत से लोग स्टेकिंग पूल और सेवाओं में शामिल हो जाते हैं जहां उपयोगकर्ता लाभ साझा करने के लिए अपने टोकन को जोड़ते हैं।

इसको एक उदाहरण से समझते है मान लो आपके पास 50000 का पोलका-डोट(DOT) क्रिप्टोकरेंसी है। इसी तरह आप जैसे लाखो लोगो के पास थोड़ी थोड़ी पोलका-डोट है जिसकी अकेले की कोई ज्यादा कीमत नही है, लेकिन आप सभी की राशि एक साथ मिल कर काफी बड़ी हो जाती है, तो इस मात्रा को एक जगह स्टेकिंग कर के आप अपनी सफलता को बढ़ा सकते है।

2. क्रिप्टोकरेंसी Fixed &Flexible Saving

जोखिम: कम

कमाई की संभावना: उच्च

कठिनाई: आसान

इसको आप अपने बैंक के बचत खाता और सावधि जमा (FDR) की तरह मान सकते है। इसमे जो क्रिप्टोकरेंसी करंसी आपने खरीदी है वो आपके वॉलेट/एक्स्चेंज में रहती है लेकिन उसको आप बचत खाता और सावधि जमा (FDR) मे रख सकते हो। बैंक की तरह Flexible Saving मे आप कभी भी अपने क्रिप्टोकरेंसी करंसी को निकाल सकते

हो, जबकि Fixed में आपको एक निश्चित समय के लिए क्रिप्टोकरेंसी को लॉक करना होता है।

3. डेफी लेंडिंग (DEFILending)

जोखिम: मध्यम से उच्च

कमाई की संभावना: उच्च

कठिनाई: आसान

ब्लॉकचैन के अनुप्रयोग अध्याय मे हमने DeFi के बारे मे विस्तार से अध्यन किया था। डेफी उद्योग के उदय के साथ, क्रिप्टोकरेंसी ऋण एक वास्तविकता बन गई है। DeFi पर डिजिटल संपत्ति उधार देकर, उपयोगकर्ता प्लेटफॉर्म को तरलता प्रदान करते हैं। बदले में, उधारदाता अपने द्वारा उधार दिए गए सिक्कों पर एक निष्क्रिय आमदनी उत्पन्न करते हैं।

4. Yield Farming

जोखिम: मध्यम से उच्च

कमाई की संभावना: उच्च

कठिनाई: आसान

Yield Farming 2020 और 2021 में विकेंद्रीकृत एक्सचेंजों के उदय के साथ लोकप्रिय हो गया, जो निवेशकों द्वारा प्रदान किए गए स्मार्ट अनुबंध और तरलता पर निर्भर करते हैं। Yield प्राप्त करने के लिए, निवेशक एक विशेष स्मार्ट अनुबंध में टोकन जमा करते हैं, जिसे लिक्विडिटी पूल कहा जाता है। जो लोग इस तरह से तरलता प्रदान करते हैं, वे पूल तक पहुंचने वाले व्यापारियों के माध्यम से उत्पन्न शुल्क का एक हिस्सा प्राप्त करते हैं।

इसके अलावा भी बहुत से तरीके और है जिस से आप क्रिप्टोकरेंसी के उपर निष्क्रिय आमदनी बना सकते है।

- ➢ Liquidity Farming
- ➢ Dual Investment
- ➢ BNB Vault
- ➢ ETH 2.0
- ➢ LaunchPool etc

आप सभी को ये पता है की क्रिप्टोकरेंसी अभी अपनी युवाअवस्था मे है, यहाँ पर जोखिम और इनाम दोनों है। किसी भी काम को करने से पहले उसकी सही से जानकारी लेना बहुत जरूरी है। जैसे जैसे ये बाज़ार पुराना होता जाएगा, यहाँ पर और भी ज्यादा विकल्प खुलते चले जाएगे।

क्रिप्टोकरेंसी आमदनी - विडियो जानकारी के लिए QR code को स्कैन करे।

अध्याय - 13

क्रिप्टोकरेंसी - कैसे ले सही जानकारी

जब भी हम क्रिप्टोकरेंसी मे निवेश करने का सोचते है तो एक सबसे बड़ा सवाल आता है, इसके बारे मे सही और पूरी जानकारी कहाँ से ले। इसमे 2 संदेह सबसे आम आते है:-

1. बहुत सारे Apps और Websites है - कौनसी सबसे सही है?
2. क्या इन Apps और Websites पर भरोसा किया जा सकता है?

तो इस अध्याय मे हम इन सब संसाधनो /रिसौर्सेस के बारे मे जानकारी लेगे। ये सब मैं आपको अपने अनुभव और प्रयोग के हिसाब से बता रहा हूँ। जहां से आपको विश्वसनीय जानकारी मिल सकेगी।

क्रिप्टोकरेंसी सूचना Web साइटें -

➤ **https://www.coingecko.com/**
➤ **https://coinmarketcap.com/**

इन दोनों app और websites पर आप क्रिप्टोकरेंसी के बारे मे बहुत सी जानकारी ले सकते है। जिसमे मुख्ये है

➤ किसी क्रिप्टोकरेंसी के प्राइस की पूरी जानकारी।
➤ क्रिप्टोकरेंसी की बेसिक जानकारी (क्या खासियत है, क्या प्रयोग है)
➤ क्रिप्टोकरेंसी की खबर।
➤ पोर्टफोलियो का प्रॉफ़िट नुकसान ट्रैकिंग टूल्स।

ये हम सबने सुना है कि क्रिप्टोकरेंसी मार्केट बहुत ज्यादा परिवर्तनशील (volatile) है, एक अच्छी खबर मार्केट को बहुत ज्यादा ऊपर और एक नेगेटिव खबर बहुत ज्यादा नीचे ला सकती है। इसलिए क्रिप्टोकरेंसी मार्केट की खबर पर ध्यान रखना बहुत जरूरी हो जाता है। अगर आप ट्रैडर है तो और भी ज्यादा जरूरी है। वैसे तो आप ऊपर वाले Apps से ये जानकारी देख सकते है लेकिन फिर भी आपको 2-3 जगह से इसको क्रॉस चेक करना चाहिए। क्योंकि ये एक युवा बाज़ार है और हेरफेर के मोके यहाँ ज्यादा है।

क्रिप्टोकरेंसी अपडेट प्रदान करने वाली पारंपरिक समाचार साइटों में निम्नलिखित शामिल हैं:

1. ब्लूमबर्ग: www.bloomberg.com
2. सीएनबीसी: www.cnbc.com/
3. फोर्ब्स: www.forbes.com/crypto-blockchain/#1c35cd8b2b6e
4. याहू! वित्त: https://finance.yahoo.com/

क्रिप्टोकरेंसी और ब्लॉकचैन के टोपिक्स = इसके अलावा आप CoinMarketcaphttps://coinmarketcap.com/ और BinanceAcedamy पर https://academy.binance.com/en पर बहुत सारे टोपिक्स को विवरण मे जान सकते है।

खास क्रिप्टोकरेंसी की जानकारी = अगर आपकों किसी क्रिप्टोकरेंसी के बारे मे जानकारी लेना चाहते है तो आप Telegram-Reddit-Twitter किसी खास टोकन की पुरी और विस्तरित जानकारी ले सकते है।

इसके अलावा आप क्रिप्टोकरेंसी और ब्लॉकचैन के सभी जानकारी के लिए हमारा You-Tube चेनल विजिट कर सकते है।

https://youtube.com/channel/UCLIUrEKTVEx4r4 Y90qViviw

एक बात को हमेशा याद रखे आप जितने ज्यादा Apps/Sites काम मे लेगे उतना ज्यादा आपका समय जाएगा। तो अगर आप एक दीर्घावधि/Longterm निवेशक है तो सही से क्रिप्टोकरेंसी खोजने मे अपना समय लगाये उसके बाद सही क्रिप्टोकरेंसी खोजने मे लगाये और फिर उस क्रिप्टोकरेंसी मे सही समय पर सही मात्रा मे निवेश करे और उसमे लंबे समय के लिए निवेशित रहे ताकि आप अपना कीमती समय और पैसा दोनों को बचा सके।

अध्याय - 14

क्रिप्टोकरेंसी - कैसे करें सही निवेश

हम मे से बहुत से लोग क्रिप्टोकरेंसी की बजाय स्टॉक में निवेश करना पसंद करते हैं क्योंकि इसको हम थोड़ा बहतर समझते है,और स्टॉक मार्केट काफी समय से है। तो उसके बारे मे जानकारी लेना आसान और विश्वाश-पात्र है। लेकिन क्रिप्टोकरेंसी के मूल्य का विश्लेषण करना स्टॉक जितना आसान नहीं है। क्योंकि, क्रिप्टोकरेंसी का कोई PE, PB, Debt ratio इत्यादि नहीं है।

लेकिन, फिर भी कुछ तरीके और रणनीतियाँ हैं, जिन्हें लागू करके हम किसी भी क्रिप्टोकरेंसी का मूल रूप से विश्लेषण कर सकते हैं। वैसे यह काफी हद तक उसी रणनीति के समान है जिसका उपयोग हम शेयरों का विश्लेषण करने के लिए करते है,और वह है शेयरों को सेक्टरों में विभाजित करना।

जैसा कि शेयर बाजार में कई क्षेत्र हैं जैसे - बैंक, फार्मा, FMCG, टेलीकॉम आदि। किसी भी स्टॉक का विश्लेषण करने के लिए, सबसे पहले हम उस क्षेत्र पर विचार करते हैं जहां से स्टॉक संबंधित है, ताकि हम प्रदर्शन के बारे में एक समग्र विचार प्राप्त कर सकें।

क्रिप्टोकरेंसी में भी कई तरह के सेक्टर होते हैं जिस पर हम आगे विचार करेगे। किसी भी क्रिप्टोकरेंसी के मूल्यांकन का विश्लेषण करने के लिए, आपकों उस क्षेत्र का पता लगाना चाहिए, जिससे क्रिप्टोकरेंसी या ब्लॉकचैन नेटवर्क संबंधित है और आपकों क्रिप्टोकरेंसी के उस विशेष क्षेत्र की मूल अवधारणा और वास्तविक जीवन अनुप्रयोग को भी समझना चांहिए।

तो, क्रिप्टोकरेंसी मुद्रा के क्षेत्र क्या हैं?

क्रिप्टोकरेंसी में तीन प्रमुख क्षेत्र हैं और अन्य सभी क्षेत्र उन तीन प्रमुख क्षेत्रों के उप-क्षेत्र हैं। तो, क्रिप्टोकरेंसी मुद्रा के वे तीन प्रमुख क्षेत्र कौन से हैं और इसके उप क्षेत्र क्या हैं? और उन क्षेत्रों से निवेश के लिए लाभदायक क्रिप्टोकरेंसी को कैसे छाँटें? आइए संक्षेप में पूरे विषय पर चर्चा करें।

क्रिप्टोकरेंसी के प्रमुख तीन क्षेत्र हैं

1. मुद्रा टोकन या मूल्य टोकन
2. प्लेटफार्म टोकन या ब्लॉकचैन टोकन
3. सेवा टोकन

1. मुद्रा टोकन

मुद्रा टोकन वो टोकन है जो फ़िएट मुद्रा (भारतीय रुपये, US डॉलर) की तरह एक निश्चित मात्रा में मूल्य रखते हैं, लेकिन ये टोकन विकेन्द्रीकृत होते है, इसका मतलब है इन पर किसी सरकार/बैंक का कोई नियंत्रण नही होता है। इनको हम मुद्रा के रूप मे काम मे ले सकते है इसके अलावा इन मुद्रा टोकन के ब्लॉकचैन नेटवर्क का कोई व्यावहारिक/वास्तविक जीवन उपयोग नहीं है। जैसे बिटकॉइन, तो बिटकॉइन ब्लॉकचैन का एकमात्र उपयोग मुद्रा टोकन के रूप मे कर सकते है।

तो, निवेश करने के लिए लाभदायक मुद्रा टोकन कैसे खोजें? इसका मूल्यांकन ज्यादातर दो बातों पर निर्भर करता है -

I. लोगों द्वारा स्वीकृति
II. बाजार में आपूर्ति

लोगों द्वारा स्वीकृति

अगर मैं आपसे पूछू, दुनिया की सबसे ताकतवर मुद्रा कौनसी है आप कहोगे US-Doller

अब थोड़ा सा सोचिए, ऐसा क्यों है - तो इसका मुख्य कारण है लोगों /देशो द्वारा इसको अपनाया जाना। यानि जितनी इसकी माँग होगी इसका मूल्य बढ़ता चला जाएगा, बिल्कुल यही होता है मुद्रा टोकन के साथ। चूंकि मुद्रा के रूप में उपयोग करने के अलावा इन मुद्रा टोकन का कोई वास्तविक /व्यावहारिक जीवन मे कोई उपयोग नहीं है, उनका मूल्यांकन लोगों द्वारा उनकी स्वीकृति पर निर्भर करता है।

यदि बड़ी संख्या में लोग सोचते हैं कि किसी भी प्रकार की क्रिप्टोकरेंसी उन्हें पारंपरिक फिएट मुद्रा की तुलना में अच्छा मूल्य/ रिटर्न/सुरक्षा प्रदान करती है और इसलिए वे इसे मुद्रा के रूप में अपनाते हैं या इसे निवेश के लिए एक संपत्ति के रूप में स्वीकार करते हैं तो यह विशेष क्रिप्टोकरेंसी निश्चित रूप से भविष्य में अच्छा रिटर्न देगी।

इसका सबसे अच्छा उदाहरण बिटकॉइन है।

लेकिन ये होगा क्यों - जैसा पहले अध्याय मे बताया कि:

➢ मुद्रा को छापना करना सरकार के हाथ मे होता है।
➢ एक सीमा से ज्यादा मुद्रा छापने पर उसके मूल्य मे बहुत ज्यादा कमी आती है।
➢ इस लिए लोगो क्रिप्टोकरेंसी पर विश्वाश कर रहे है।

बाजार में आपूर्ति

लोगों की स्वीकृति को छोड़कर एक और महत्वपूर्ण बिंदु भी है जिसके द्वारा किसी भी मुद्रा टोकन का भविष्य बहुत मायने रखता है वह है उस टोकन की बाजार में आपूर्ति।

यदि किसी मुद्रा टोकन की आपूर्ति असीमित है, अर्थात इस टोकन के खनन (बनाने की) की कोई सीमा नहीं है, तो उन सिक्कों पर निवेश करना बहुत जोखिम भरा है। इस प्रकार के मुद्रा टोकन का उदाहरण डॉगकोइन है।

लेकिन दूसरी और अगर बिटकॉइन को देखे तो इसकी कुल संख्या 21 मिलियन है यानि इससे ज्यादा न आप इसको बना सकते हो, ना माइन कर सकते हो,जो इसकी मूल्य वृद्धि का एक प्रमुख कारण भी है।

2. प्लेटफार्म टोकन या ब्लॉकचैन टोकन

प्लेटफ़ॉर्म टोकन ब्लॉकचैन नेटवर्क के मूल टोकन हैं, जहाँ कोई भी अपने स्वयं के स्मार्ट अनुबंध को ब्लॉकचैन नेटवर्क पर रख सकता है, ताकि वे अपने स्वयं के उद्देश्यों/ बिज़नेसके लिए इसका उपयोग कर सकें।

यदि किसी विशेष ब्लॉकचैन नेटवर्क का उपयोग करना,लोगों के लिए व्यापार करने या किसी अन्य वास्तविक जीवन की समस्याओं को हल करने के लिए लाभदायक है, तो लोग निश्चित रूप से इस ब्लॉकचैन नेटवर्क का उपयोग करेंगे और इस कारण से, इस ब्लॉकचैन नेटवर्क के टोकन की मांग भी बढ़ जाएगी, जो निश्चित रूप से इसकी कीमत बढ़ाएगा। अगर वो ऐसा करने मे सफल नही होती तो ना इसकी मांग बढ़ेगी ना ही कीमत।

प्लेटफॉर्म टोकन खोजने की सही प्रक्रिया

वैसे ब्लॉकचैन टोकन से दीर्घकालिक मूल्य का पता लगना इतना आसान काम नहीं है क्योंकि हम नहीं जानते कि भविष्य में लोगों को किस प्रकार की समस्याओं का सामना करना पड़ेगा और कौन सा ब्लॉकचैन नेटवर्क उन समस्याओं को हल करने में सक्षम होगा।

लेकिन फिर भी कुछ पैरामीटर हैं जिनके द्वारा हम किसी भी ब्लॉकचैन नेटवर्क की मांग का विश्लेषण कर सकते हैं।

➤ टीम के सदस्यों की योग्यता, दृढ़ संकल्प और अनुभव

किसी भी प्रकार के ब्लॉकचैन नेटवर्क की सफलता और विफलता टीम के सदस्यों पर निर्भर करती है, जिसमें संस्थापक, सह-संस्थापक और डेवलपर्स शामिल हैं। यदि इन सदस्य के पास किसी अन्य सफल ब्लॉकचैन नेटवर्क की टीम के साथ काम करने का पिछला अनुभव है और पिछले नेटवर्क से इस्तीफा देने और नई टीम में शामिल होने के पीछे उनका कुछ दृढ़ संकल्प है तो इस नए ब्लॉकचैन नेटवर्क को अवश्य ही भविष्य में अच्छी संभावनाएं हैं।

यह परिदृश्य शेयर बाजार में भी लागू होता है। मान लो शेयर बाजार में कोई कंपनी बहुत अच्छा कर रही है, और उसके पीछे एक सफल संगठन /प्रबंधन टीम होती है, जिसका स्टॉक बाजार में अच्छा प्रदर्शन कर रहा है। मान लो 5 साल बाद इस सफल संगठन /प्रबंधन टीम ने उपरोक्त कंपनी को छोड़ कर अपनी नयी कंपनी की स्थापना की और अपना IPO लॉन्च किया, तो लोग निश्चित रूप से इस IPO में निवेश करने के लिए इच्छुक होंगे, क्योंकि इस स्टार्टअप के पीछे का संस्थापक भरोसेमंद है और इसमें एक सफल लाभ कमाने वाला संगठन बनाने की क्षमता है। ऐसा ही हम ब्लॉकचैन के मामले मे समझ सकते है।

उदाहरण के लिए डॉ गेविन वुड और चार्ल्स होकिंसन दोनों एथेरियम के सह-संस्थापक हैं, थोड़े समय के बाद दोनों में इथेरियम से कुछ बेहतर करने का दृढ़ संकल्प है। उन्होंने टीम छोड़ दिया, गेविन वुड ने अन्य दो सह-संस्थापक के साथ पोलकाडॉट ब्लॉकचैन नेटवर्क की स्थापना की। पोलकाडॉट की स्थापना के पीछे गेविन वुड का इरादा

एक नया मल्टी-चेन इकोसिस्टम बनाया जो अन्य ब्लॉकचैन के लिए एक सेतु का काम करेगा। आज पोलकाडॉट क्रिप्टोकरेंसी बाज़ार मे अपना अलग नाम रखती है।

इसलिए, किसी भी ब्लॉकचैन टोकन पर निवेश करने से पहले, आपकों उन लोगों की पृष्ठभूमि का विश्लेषण करना चाहिए जो इस परियोजना के पीछे हैं। अगर उनके पास किसी अन्य सफल ब्लॉकचैन प्रोजेक्ट में काम करने का पिछला अनुभव है, तो हम उन परियोजनाओं पर निवेश करने पर विचार कर सकते हैं। लेकिन अगर किसी भी नए ब्लॉकचैन प्रोजेक्ट के पीछे के लोग इतने योग्य नहीं हैं, किसी ब्लॉकचैन प्रोजेक्ट मे काम करने का कोई पिछला अनुभव नहीं है और उनका कोई मुद्रा लॉन्ड्रिंग, दिवालिएपन या किसी भी प्रकार के धोखाधड़ी के मामले का इतिहास है, तो बेहतर होगा कि उन परियोजनाओं पर निवेश न करें।

1. सर्वसम्मति तंत्र

जैसा आपने अपने अध्याय मे सर्वसम्मति तंत्र के बारे मे विस्तार में बताया है। आप वहाँ से इसकी पूरी जानकारी ले सकते है। मुख्य रूप से 2 सर्वसम्मति तंत्र अभी तक बहुत ज्यादा काम मे लिए जाते है।

1. POW
2. POS

मुख्य बात यह है कि किसी भी ब्लॉकचैन टोकन पर निवेश करने से पहले, आपकों सर्वसम्मति तंत्र के पीछे की प्रणाली पर विचार करना होगा। यदि कोई नया ब्लॉकचैन नेटवर्क विभिन्न प्रकार की नई सर्वसम्मति तंत्र प्रणाली के साथ आता है, जो अन्य सर्वसम्मति तंत्र प्रणालियों से बेहतर है, तो भविष्य में इस ब्लॉकचैन नेटवर्क की वृद्धि की संभावना बहुत अधिक है।

2. नेटवर्क शुल्क

किसी भी काम को या सेवा को काम मे लेने से पहले उसका शुल्क देखा जाता है। अगर उसका शुल्क काम के हिसाब से है तो सब उसको काम मे लेते है। जैसा कि आपने पहले चर्चा की थी, अपने स्वयं के उद्देश्यों के लिए ब्लॉकचैन नेटवर्क का उपयोग करने वाले लोगो / कंपनीयो को इस ब्लॉकचैन नेटवर्क के मूल टोकन की एक निश्चित राशि का भुगतान करना होता है।

अभी हाल फिलहाल बिटकॉइन और एथेरियम जैसे पारंपरिक ब्लॉकचैन नेटवर्क में, नेटवर्क शुल्क वास्तव में बहुत अधिक है।जबकि, नए ब्लॉकचैन नेटवर्क जैसे ट्रॉन या कार्डानो का शुल्क पारंपरिक नेटवर्क (बिटकॉइन और एथेरियम) की तुलना में बहुत कम है।

3. लेन-देन की गति

अगर आपके पास I-Phone 14 है लेकिन उसमे SIM 4G/5जी का नहीं है तो क्या आप उस I-Phone का आनंद ले पाएगे? उसी हिसाब से आज के समय मे स्पीड हर चीज़ मे मायने रखती है। लेकिन बिटकॉइन मे स्पीड एक मुख्य समस्या है। अगर बिटकॉइन की बात करे तो आप बिटकॉइन मे 4-5 लेनदेन प्रति सेकंड कर सकते हो। जबकि, वीज़ा मे यही लेनदेन की औसत प्रति सेकंड लगभग 1700 है।

इसका मतलब है कि आपको एक सफल लेनदेन को पूरा करने के लिए 10-30 मिनट से लेकर कुछ घंटों तक इंतजार करना पड़ सकता है, जो कि बिटकॉइन ब्लॉकचैन नेटवर्क की मुख्य समस्या है। अभी बिटकॉइन टीम इस समस्या को दूर करने मे लगी है।

4. लोगों द्वारा काम मे लेना/People Adoption

➢ क्या आप जानते हैं Orkut, Facebook के आगे क्यों फेल हो गया?

➢ क्यों Whatsapp को Facebook ने $16 बिलियन मे खरीदा?

इसके पीछे की वजह थी पीपल एडॉप्शन/लोगों द्वारा काम मे लेना।

अगर आपका किसी बैंक मे 4-5 साल से खाता है, तो आप उसको बदलना नही चाहते हो, क्योंकी आपके सारे खाते Gpay, PhonePe, MobileBanking सभी इस बैंक खाते से जुड़े है। उसी तरह से दुनिया में अधिकांश लोग Whatsapp और Facebook से जुड़े है। और वे पूरी तरह से इसमे बदलाव नहीं करना चाहते हैं।

ब्लॉकचैन उद्योग में भी ऐसा ही हो रहा है, एक बेहतर ब्लॉकचैन नेटवर्क होने के बावजूद, नए ब्लॉकचैन नेटवर्क जैसे ट्रॉन, कार्डानो या यहां तक कि पोलकाडॉट की उपयोगकर्ता मांग अभी भी एथेरियम से कम है। ऐसा इसलिए है क्योंकि बहुत से उपयोगकर्ता जिन्होंने पहले से ही एथेरियम ब्लॉकचैन पर अपना व्यवसाय बनाया है और वे इसके साथ सहज हैं और वे अपने व्यवसाय को किसी अन्य ब्लॉकचैन में स्थानांतरित करने की परेशानी को बर्दाश्त नहीं करना चाहते हैं।

लेकिन इसका मतलब यह नहीं है कि ट्रॉन, कार्डानो, सोलाना जैसे नए ब्लॉकचैन नेटवर्क भविष्य में नहीं रहेंगे। जैसे जैसे ब्लॉकचैन की मांग बढ़ रही है वैसे वैसे इसका प्रयोग बढ़ता चला जाएगा। लेकिन इसमें समय लगेगा। आपकों इसके लिए धैर्य रखना होगा और केवल उन नए ब्लॉकचैन टोकन से अच्छा रिटर्न पाने के लिए लंबी अवधि के लिए निवेश करना होगा।

कुछ और महत्वपूर्ण बिन्दु जिनको जरूर ध्यान मे रखना चाहिए:

1. भावुक (बाजार भावना) विश्लेषण - खबर

2. तकनीकी विश्लेषण -जिसमे ट्रैडर पहले के प्राइस के हिसाब से भविष्य प्राइस के बारे मे पता लगाते है

3. पूंजी विश्लेषण (व्यक्तिगत जोखिम प्रबंधन)

4. हमारे भागीदार - उस क्रिप्टोकरेंसी ने अन्य किस किस कंपनियों के साथअपनी साझेदारी स्थापित की है।

5. समाज में उनके योगदान की जाँच करें - कि वे कौनसी समस्या को कितनी आसानी से सुलझा सकती है।

6. उनके भविष्य का विश्लेषण करें - निकट भविष्य मे वो ब्लॉकचैन/क्रिप्टोकरेंसी क्या करना चाह रही है।

7. आयतन - इसका मतलब है कि एक विशिष्ट समय में कितनी क्रिप्टोकरेंसी का कारोबार हुआ। इससे ये पता लगता है कि आप कितनी आसानी से उस ब्लॉकचैन/क्रिप्टोकरेंसी को खरीद या बेच सकते हो।

Blockchain.com के अनुसार, 2009 में लॉन्च होने के बाद से बिटकॉइन लेनदेन की कुल संख्या 668 मिलियन है। हाल के वर्षों में यह संख्या और अधिक तेजी से बढ़ रही है। आज के समय प्रत्येक दिन औसतन 265,714 लेनदेन हो रहे है।

क्रिप्टोकरेंसी कैसे करे सही निवेश -विडियो जानकारी के लिए QR code को स्कैन करे।

अध्याय - 15

क्रिप्टोकरेंसी - प्रवेश और निकास रणनीतियाँ

किसी भी निवेश मे सबसे जरूरी 4 बाते है:

1. **सही क्रिप्टोकरेंसी को ढूँढना।**
2. **सही समय पर उसमे निवेश करना।**
3. **सही समय तक उसमे निवेशित रहना।**
4. **सही समय पर उसको बेच देना।**

क्या आपको पता है कि मौलिक रूप से मजबूत क्रिप्टोकरेंसी मे निवेश करने के बावजुद 90% लोग क्रिप्टोकरेंसी/ब्लॉकचैनसे पैसा बनाने में विफल रहे है।

क्या आप जानते हैं इसके पीछे की वजह क्या है?

इसके पीछे एक प्रमुख कारण है गलत समय पर क्रिप्टोकरेंसी में निवेश करना है। सही,मौलिक रूप से मजबूत क्रिप्टोकरेंसी पर गलत समय में निवेश करना भी एक बुरा निवेश है। इसलिए जिस हिसाब से क्रिप्टोकरेंसी को जानना जरूरी है उसी तरीके से आपकों यह पता होना चाहिए कि कब उसके अंदर निवेश करना है और कब निकलना है। सर्वज्ञात है कि क्रिप्टोकरेंसी बाजार की तरलता स्टॉक, सोना, विदेशी मुद्रा आदि की तुलना में अधिक है। इस कारण यह हमेशा तेजी से ऊपर नीचे जाता है।

यदि कोई तेजी के समय (बुल रन) के समय मजबूत क्रिप्टोकरेंसी में निवेश करता है और अगर उसके निवेश के बाद अगर पूरा बाजार

तेजी से गिरावट मे जाता है, तो मजबूत क्रिप्टोकरेंसी होने के बावजूद उसका पूरा पोर्टफोलियो नकारात्मक चला जायेगा। इसलिए, आपकों मौलिक रूप से मजबूत क्रिप्टोकरेंसी टोकन का पता लगाने के साथ साथ सही समय का भी पता करना भी बहुत आवश्यक है, और इसी का एक सही, सुंदर और टिकाऊ तरीका है **भय और लालच सूचकांक**

1. भय और लालच सूचकांक (फियर एंड ग्रीड इंडेक्स)

"जब दूसरे लालची हों तब डरें औरजब दूसरे भयभीत हों तब लालची बने।"

– वारेन बुफे

यह वारेन बुफे के सबसे प्रमुख उद्धरण में से एक है और ये क्रिप्टोकरेंसी स्पेस में भी 100 % कारगर है।बाजार के इस डर और लालच को मापने के लिए एक बहुत ही उपयोगी उपकरण है जिसका उपयोग सभी निवेशक और व्यापारी अक्सर करते हैं, वह है भय और लालच सूचकांक।

क्रिप्टोकरेंसी मे इसकी गणना **बिटकॉइन** के लिए एक निश्चित समय सीमा की अस्थिरता, बाजार की गति, सोशल मीडिया, रुझान, प्रभुत्व आदि जैसे कई डेटा स्रोतों का विश्लेषण करके की जाती है।

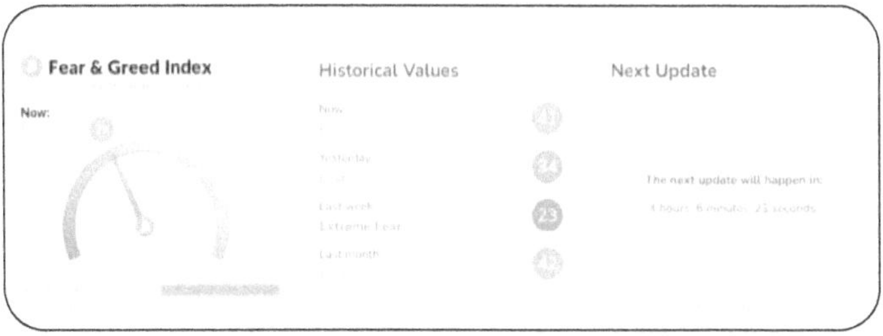

अब आपके मन मे ये संदेह होगा कि अकेला बिटकॉइन को ही क्यों लिया जाता है। तो जैसा कि हम जानते हैं, बाजार पूंजीकरण के मामले में पूरे क्रिप्टोकरेंसी उद्योग में बिटकॉइन नंबर एक क्रिप्टोकरेंसी है, और इसका उतार चढ़ाव पूरे मार्केट को नियंत्रण करता है।

हम भय और लालच सूचकांक को 0-100 तक 4 भागो मे बाट सकते हो और नंबर के हिसाब से अपना फैसला ले सकते हो।

1. 0-24 -extreme fear (Oragne)- खरीदने के लिए सबसे अच्छा समय माना जाता है।

2. 24-49 -Fear (amber/Yellow)-खरीदने के लिए ठीक ठाक समय माना जाता है।

3. 50-74 Greed(Light Green) - बाजार से बाहर निकलने का सही समय माना जाता है।

4. 75-100 Extreme Greed (Green) - बाजार से बाहर निकलने का मजबूत समय माना जाता है।

एक बात का विशेष ध्यान आपकों रखना चाहिए ऊपर बताए 4 पॉइंट को आप आँख बंद कर के फॉलो ना करे यानि केवल भय और लालच सूचकांक को देख कर खरीदने या बेचने का फैसला न ले। ये बस आपको बाज़ार की ऊपरी जानकारी दे सकते है। इस ऊपरी जानकारी से आप ये सोच सकते है कि अभी आपको निवेश करना चाहिए या नही।

कुछ और जरूरी बिन्दु (भय और लालच सूचकांक)

• फियर एंड ग्रीड इंडेक्स आम तौर पर अलग-अलग समय सीमा जैसे प्रति घंटा, दैनिक, साप्ताहिक और मासिक के लिए उपलब्ध है।

- लघु अवधि के क्रिप्टोकरेंसी व्यापारियों के लिए प्रति घंटा, दैनिक जैसे छोटे समय-सीमा उपयोगी हैं।
- दीर्घ अवधि के क्रिप्टोकरेंसी व्यापारियों के लिए 15 दिन, 30 दिन वाली समय-सीमा उपयोगी हैं
- आप Google या अपनी पसंद के किसी अन्य सर्च इंजन पर "बिटकॉइन फियर एंड ग्रीड इंडेक्स" टाइप करके बहुत आसानी से उन Websites या प्लेटफॉर्म तक पहुंच सकते हैं।

कैसे इसको काम मे ले: - अगर आप लॉन्ग टर्म निवेशक है तो आपको कभी भी क्रिप्टोकरेंसी को खरीद लेना चाहिए। लेकिन एक साथ पूरी राशि का निवेश ना करे। फिर भी मान लेते है कि आज के दिन आप क्रिप्टोकरेंसी खरीदने कि सोच रहे है तो एक बार आपको गूगल पर जा कर क्रिप्टोकरेंसी मार्केट का रुख जरूर देखना चाहिए। यानि कि आपको फियर एंड ग्रीड इंडेक्स को जरूरु देखना चाहिए। मान लेते है वहाँ आपको 0-24 -extreme fear (Oragne) दिखता है, तो आपको फिर आगे ये पता लगाना चाहिए कि अभी बाज़ार मे extreme fear क्यों है इसका क्या कारण है और फिर अपना फैसला लेना चाहिए।

अगर आपने नवम्बर 2021 मे बिटकॉइन खरीदा होता तो आज उस पर आपको लगभग 50% नुकसान मिलता। यानि सही समय मे खरीदना बहुत ज्यादा मायने रखता है। जैसा नीचे चित्र मे दिखाया गया है 9 नवम्बर 2021 को बिटकॉइन का मूल्य ₹ 49,65,129 था और 20 अगस्त को इसका मूल्य ₹ 16,99,360 रह गया। यानि अगर आपने 2021 के लास्ट मे 1 लाख का बिटकॉइन खरीदा होता तो आज के हिसाब से उसकी कीमत ₹ 33000 रह जाती।

Photo Source - https://www.google.com/search?q=bitcoin+price+chart&sxsrf=ALiCzsb8fyH55capTWa1h1Pbwjytss4GaQ%3A1660995205043&ei=hcYAY4yEAs2wz7sP8OadgAU&ved=0ahUKEwjM2q2pqdX5AhVN2HMBHXBzB1AQ4dUDCA4&uact=5&oq=bitcoin+price+chart&gs_lcp=Cgdnd3Mtd2l6EAMyBwgjELADECcyBwgAEEcQsAMyBwgAEEcQsAMyBwgAEEcQsAMyBwgAEEcQsAMyBwgAEEcQsAMyBwgAEEcQsAMyBwgAEEcQsAMyBwgAEEcQsAMyBwgAEEcQsAMyBwgAEENKBAhBGABKBAhGGABQAFgAYJkQaAJwAXgAgAEAiAEAkgEAmAEAyAEKwAEB&sclient=gws-wiz(Accessed-20/08/2022)

अध्याय - 16

क्रिप्टोकरेंसी - जोखिम

बहुत बार आपने लोगो से सुना होगा स्टॉक मार्केट जुआ है और क्रिप्टोकरेंसी मार्केट तो जुए का भी बाप है तो इससे जितना ज्यादा हो सके दूर रहो। तो सही मे क्रिप्टोकरेंसी मे कितना जोखिम है और इसको कैसे कम किया जा सकता है इसको समझते है।

सोच कर देखो आपने अपनी पहली फ्रिज/लैपटाप /फोन/बाइक/कार/ खरीदने से पहले उसके बारे मे जानकारी लेने मे कितना समय लगाया था। जैसे मैंने अपनी पहली कार Hyundai Creta 2016 मे ली थी, उन दिनों मेरी पोस्टिंग देहारादून मे थी। कार लेने से पहले मैंने तीन महीने तक CAR dekho पर कम से कम 10-15 घंटे बिताए, कई बार अलग अलग शोरूम का दौरा किया, और फिर कुछ समय के लिए लगातार कार की कीमतों की निगरानी रखी। इतना ही नही इसके बाद मैंने कई दोस्तों के साथ टेस्ट ड्राइव लिए, अपने परिवार के सदस्यों से सलाह ली, इस बजट की सब गाड़ी देहारादून मे चला के देखी और फिर हिसार (हरियाणा) से मैंने वो कार ली क्योकि देहारादून और हिसार के टैक्स मे ज्यादा अंतर था। यही काम आप फ्रिज/लैपटाप /फोन/बाइक/ कार/लेते समय करते है। यहा तक की कोई पैंट लेनी हो तो भी हम 5-10 को देख कर, उसको पहन कर और फिर आखिर मे दोस्तों से पूछ कर "कि कैसी लग रही है भाई - तभी लेते है"।

कहने का मतलब है हर छोटी छोटी चीज़ हम बहुत सोच समझ कर लेते है और हर बार ये कोशिश करते है कि सबसे बढ़िया चीज़ सबसे कम दामों पर ली जाये।

लेकिन क्रिप्टोकरेंसी खरीदते समय क्या हम इसका 10% समय भी देते है - मेरे हिसाब से नही. **सोचों!**

आपने अपनी ग्रेजुएट मे कोई भी डिग्री की हो, आपकों कम से कम 3 से 4 साल का समय लगा होगा। जहां पर आपकों बिल्कुल बेसिक से सब सिखाया जाता है फिर जा कर अपने को डिग्री मिलती है। यानि कहने का मतलब है हर चीज़ को सीखने समझने मे समय और मेहनत दोनों लगती है। लेकिन क्रिप्टोकरेंसी मे हम ना कुछ सीखते है, ना कुछ समझते है, ना ही समय देते है और फिर बोलते है कि क्रिप्टोकरेंसी मे जोखिम बहुत ज्यादा है।

हम बस कही से कुछ सुन कर या Youtube देख कर, टीवी शो देख कर क्रिप्टोकरेंसी मे निवेश कर देते है और पैसे का नुकसान कर लेते है और फिर क्रिप्टोकरेंसी को जुआ बोलते है। तो क्रिप्टोकरेंसी बाजार में कूदने से पहले आपको अपने ज्ञान को तेज करने की जरूरत है। अपने आप मे निवेश करने की जरूरत है। जैसा मैंने इस किताब के शुरू मे कहा था

"ज्ञान में निवेश सर्वोत्तम ब्याज देता है।" - बेंजामिन फ्रैंकलिन

फिर भी कुछ बाते है जो क्रिप्टोकरेंसी जोखिम के बारे मे आपको जाननी चाहिए:

1. **अस्थिरता जोखिम**-जहां लोग होते है वहाँ अस्थिरता बनी रहती है क्यों की हम दिल और दिमाग दोनों से काम करते है। ऐसा नही है की क्रिप्टोकरेंसी मे ही अस्थिरता है। आपको ये स्टॉक /बॉन्ड सब मे देखने को मिलेगी लेकिन क्रिप्टोकरेंसी के मामले मे अस्थिरता थोड़ी ज्यादा है। एक खबर पूरे बाज़ार को ऊपर नीचे कर सकती है। तो हमेशा अपनी जोखिम के हिसाब से निवेश करे।

2. **क्रिप्टोकरेंसी और कर(TAX)** - क्रिप्टोकरेंसी निवेशक के लिए सबसे महत्वपूर्ण रिस्क क्रिप्टोकरेंसी के टैक्स को ले कर रहती है। कुछ देशों ने इस पर नियम बना दिये है लेकिन कुछ देशो मे अभी ये बाकी है। लेकिन इसको अच्छी और बुरी दोनों तरह से देखा जा सकता है। अच्छी बात यह है कि वो देश क्रिप्टोकरेंसी को कानूनी करना चाह रही है लेकिन टैक्स के साथ। भारत मे टैक्स दरों और नियम के बारे मे हम पहले ही अध्यन कर चुके है।

3. **क्रिप्टोकरेंसी की विकेंद्रीकृत स्थिति** - आपने ये तो सुना होगा हर बड़ी ताकत के साथ बड़ी जवाबदारी और कुछ कमिया आती है, क्रिप्टोकरेंसी के साथ भी ऐसा है। **विकेंद्रीकरण** इसकी सबसे बड़ी ताकत है। वही उनकी विकेंद्रीकृत स्थिति के परिणामस्वरूप क्रिप्टोकरेंसी से जुड़ा एक और संभावित जोखिम लेनदेन के विवरण से संबंधित है। अधिकांश अन्य लेन-देन में, भौतिक उपस्थिति वाली मुद्रा हाथ बदल करती है लेकिन इलेक्ट्रॉनिक लेनदेन के मामले में थोड़ा सा जोखिम बना रहता है। दूसरा यहा कोई संस्था और सरकार बीच मे नही है तो थोड़ा सा जोखिम और बढ़ जाता है।

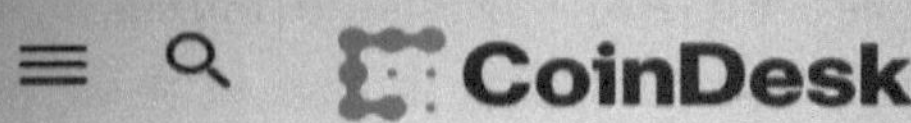

Photo Source - https://www.coindesk.com/markets/2020/09/26/
over-280m-drained-in-kucoin-crypto-exchange-hack/
(accessed-31/08/2022)

4. **क्रिप्टोकरेंसी एक्सचेंज हेकिंग-** बहुत बार ऐसा हुआ है जब एक क्रिप्टोकरेंसी

एक्सचेंज को हैक किया गया और ग्राहकों की होल्डिंग चोरी की गयी। इसलिए सही प्लैटफ़ार्म पर अपना खाता खोलना बहुत जरूरी है।

5. **डिजिटल सुरक्षा मुद्दा -** क्रिप्टोकरेंसी केवल डिजिटल रूप मे ही काम करती है, और डिजिटल चीज़ों के साथ सुरक्षा एक मुख्य मुदा है। यही कारण है कि डिजिटल मुद्रा से संबंधित डेवलपर्स और स्टार्टअप ने डिजिटल सिक्के और टोकन रखने के सुरक्षित साधन बनाने पर बहुत ध्यान केंद्रित किया है। फिर भी कुछ न कुछ सुरक्षा का मुद्दा बन जाता है।

6. **मानवीय त्रुटि (और विस्मृति) -** मानवीय त्रुटि और पासवर्ड भूलने की आदत के कारण बहुत बार ऐसा हुआ है कि लोगो ने अपने क्रिप्टोकरेंसी को हमेशा के लिए गवा दिया।

7. **पंप और डंप -** छोटी और नयी क्रिप्टोकरेंसी के साथ अक्सर ऐसा किया जाता है सबसे पहले इस क्रिप्टोकरेंसी को बहुत ज्यादा मात्रा मे खरीदा जाता है जिस से इसका मूल्य बहुत जल्दी ऊपर की तरफ जाता है जिसको पम्प बोलते है। इसके बाद इसको बहुत ज्यादा मात्रा मे बेचा जाता है इसको डम्प बोलते है।

इस तरह की क्रिप्टोकरेंसी से हमको दूर रहना चाहिए लेकिन अपने ज्ञान को बढ़ाने के लिए आपको ऐसे टोकन पर नज़र रखनी चाहिए। इस से आपको बहुत कुछ सीखने को मिलता है।

जोखिमों को कैसे कम करें

1. पूर्ण KYC वाला खाता खोले।
2. सही और विश्वास पात्र एक्स्चेंज पर खाता खोले।
3. अपना खुद का शोध करें।
4. अपने जोखिम अनुपात को समझें।
5. अपने पोर्टफोलियो में विविधता लाएं।
6. अपनी प्रवेश और निकास रणनीतियों का निर्धारण करें।

अध्याय - 17

क्रिप्टोकरेंसी - पोर्टफोलियो

जब हम क्रिप्टोकरेंसी के अंदर निवेश करना शुरू करेंगे तो बहुत बार आपका पोर्टफोलियो ऊपर और नीचे की तरफ जायेगा। और जैसा अभी तक आप जान चुके हो क्रिप्टोकरेंसी मार्केट बहुत तेजी से ऊपर नीचे होता है। तो जब हम मार्केट मे नए होते है तब इस तरह का उतार-चड़ाव बेचनी वाला हो जाता है। तो इस अध्याय मे समझने वाले है कि कैसे ऐसे हालात मे सही से काम किया जाये।

जब आपका पोर्टफोलियो ऊपर है - यहाँ पर आपको 1 - 2 बातों का ध्यान रखना चाहिए।

- मान लेते है कि आपने क्रिप्टोकरेंसी मे 10000 रुपए निवेश किया और वे बढ़ कर 20000 हो गए तो अगर आप बिल्कुल सुरक्षित चलना चाहते है तो अपना मूल, यानि की 10000 रुपए निकाल सकते है और बाकी पैसे को लंबे समय तक निवेशित रख सकते है।

- अगर आपने मजबूत क्रिप्टोकरेंसी सही समय पर ले रखी है और आप एक लॉन्ग टर्म निवेशक है तो इस क्रिप्टोकरेंसी को आप निष्क्रिय आमदनी(Passive Income) मे जरूर लगा दे ताकि आपको क्रिप्टोकरेंसी से एक निष्क्रिय आमदनी मिल सके।

जब आपका पोर्टफोलियो नीचे है

- धैर्य रखे: धैर्य एक लाभदायक गुण है। आप ये पता लगाने की कोशिश करे कि जो वर्तमान गिरावट है वो किस कारण से

है। ये गिरावट कितने समय के लिए चल सकती है, बेशक, क्रिप्टोकरेंसी बाजार बहुत नया है लेकिन यह भी स्टॉक की तरह भावना का अनुसरण होता है, क्योंकी सभी मार्केट की तरह यहा भी एक चीज़ कॉमन है वो है आप और मैं, यानि लोग। और जैसा आपको पता है लोग दिल और दिमाग दोनों से काम करते है जिसके कारण मार्केट ऊपर नीचे होता है।

- तकनीकी मूल्यांकन - तकनीकी पक्ष मे आप इस बात का पता लगाने की कोशिश करे है कि ऐसा बाज़ार मे पिछली बार कब हुआ था और फिर कितने समय मे बाज़ार सही हुआ। अगर ऐसा पहले भी हुआ है तो आप समझ सकते है कि वहाँ से भी बाज़ार ने वापिसी की थी।

- मौलिक mulyankan - इसमे आप ये जानने की कोशिश करे कि मूल रूप से, आपने एक विशिष्ट क्रिप्टोकरेंसी में निवेश करना क्यों चुना था। क्या इसकी मौलिक बाते जैसे प्रबंधन, समुदाय, प्रौद्योगिकी मे कोई परिवर्तन आया है, अगर नहीं तो फिर आपको ज्यादा सोचने कि जरूरत नही है।

क्रिप्टोकरेंसी की कीमतें बेहद अस्थिर हैं,एक सिक्के का रातोंरात अपने मूल्य का 30% से 50% उपर नीचे आना सामान्य बातहै। इस लिए सोच समझ कर अपना निवेश करे।

अध्याय - 18

क्रिप्टोकरेंसी - निवेश से पहले

अब तक आप क्रिप्टोकरेंसी के बारे मे काफी कुछ जान चुके है। अब अगर आप क्रिप्टोकरेंसी में निवेश करने के बारे मे सोच रहे है तो इन बातो का जरूर ध्यान रखे और आपसे अनुरोध है इस अध्याय को 2 बार पढ़े फिर निवेश करने का फैसला ले।

1. **उत्साहित रहे लेकिन बहुत ज्यादा उत्साहित भी ना हों** -किसी भी नये काम को शुरू करना रोमांचक होता है। हालांकि, किसी भी प्रकार के निवेश के रास्ते की तरह, क्रिप्टोकरेंसी निवेश के लिए अनुशासन, जोखिम प्रबंधन और बहुत सारे धैर्य की आवश्यकता होती है। आपको क्रिप्टो निवेश को जल्दी-जल्दी अमीर बनने वाली योजना के रूप में नहीं मानना चाहिए।

कभी भी बहुत ज्यादा जल्दबाज़ी ना करे। ना क्रिप्टोकरेंसी का चुनाव करने मे, ना ही निवेश करते समय। हमेशा याद रखे क्रिप्टोकरेंसी मार्केट कोई रातो रात अमीर बनाने वाली चीज़ नहीं है। कोई भी फैसला लेने से पहले हमेशा

सोचे –सोचे और फिर से सोचे- फैसला ले

2. अपनी जोखिम सहनशीलता को मार्पे - क्रिप्टोकरेंसी मे निवेश करने से पहले अपने आप से ये सवाल जरूर पूछे।

➤ क्या क्रिप्टो निवेश आपके लिए सही है?

➤ क्या आप सही से क्रिप्टोकरेंसी और ब्लॉकचैन को समझते है?

➤ आपको अपना कितना पैसा इस बाजार में निवेश करना चाहिए?

➤ क्या आपके पास इंतजार करने का धैर्य है?

➤ क्या आपने अपनी जोखिम सहनशीलता को माप लिया है?

सभी सवालों के जवाब पूरी ईमानदारी से दे,और फिर आगे बढ़े।

3. सर्वश्रेष्ठ क्रिप्टो एक्सचेंज/ क्रिप्टो वॉलेट खोजे और उसको सुरक्षित रखें- इसमे आपको थोड़ा ज्यादा समय देना चाहिए और सही प्लैटफ़ार्म पर अपना क्रिप्टोकरेंसी खाता खोलना चाहिए। जैसे ही आपका खाता खुल जाये तुरंत इसको सुरक्षित करे। आप इसको मोबाइल OTP, ई मेल या फिर गूगल के साथ सुरक्षित कर सकते है।

4. कम राशि से शुरू करे - कभी भी शुरू मे एक साथ ज्यादा पैसे का इनवेस्टमेंट ना करे। कुछ सौ रुपये से शुरू करें, फिर क्रिप्टोकरेंसी के बारे मे सीखे और धीरे-धीरे अपने पोर्टफोलियो को बढ़ाएं।

5. विविधता का प्रयोग करे - यहा पर आपको 3 नियमो का पालन करना चाहिए,

   i. अपने सारे पैसे का निवेश केवल क्रिप्टो में ना करें।

   ii. क्रिप्टोकरेंसी के अंदर भी कभी भी 1 या 2 क्रिप्टोकरेंसी मे सभी पैसे ना लगाए।

   iii. हमेशा ये कोशिश करे कि आपका निवेश सैक्टर के हिसाब से भी बटा हुआ हो। जिसको हमने अध्याय मे विस्तार पूर्वक समझाया है।

बिन्दु 4 और 5 को एक उदाहरण से समझते है, मान लेते है लो आपको कुल 1 लाख रूपये क्रिप्टोकरेंसी मे निवेश करने है तो शुरू मे आप केवल 20000 निवेश करे और इस 20000 से भी आप 4-5 मजबूत क्रिप्टोकरेंसी खरीदे। इसके बाद अपनी क्रिप्टो करेंसी मे अपनी जानकारी को बढ़ाने पर निवेश करे। जैसे जैसे आपकी जानकरी बढ़ती रहे वैसे वैसे अपने निवेश को बढ़ाते रहे।

बहुत बार हम youtube या कही से सुन लेते है की फलां क्रिप्टोकरेंसी ने 1000 का 1 करोड़ कर दिया और फिर आपने अपनी सारी पूंजी उसमे निवेश कर दी। ऐसा कभी न कर

6. **एक सहायता समूह प्राप्त करें** - क्या आपने ये नोटिस किया है कि जब आप किसी के साथ भागते है तो ज्यादा समय और ज्यादा दूर कर भाग सकते है, और अगर यही दौड़ दोस्तों के साथ हो तो फिर कहना ही क्या। कहने का मतलब है अगर कोई भी काम दोस्तों के साथ मिल कर किया जाये तो हर काम करना अच्छा लगता है इस लिए यहा भी आपको अपना कोई दोस्त देख लेना चाहिए जो सही मे क्रिप्टोकरेंसी मे सक्रिय रूप से काम कर रहा हो। ज्यादातर लोग अपने कंप्यूटर या स्मार्टफोन पर अकेले व्यापार करते हैं। यह जल्द ही एक बहुत ही एकांत गतिविधि बन सकता है, खासकर यदि आपका कोई भी मित्र इसमें शामिल नहीं है। जब बाजार आपके खिलाफ जा रहे हों, तो आप निराश हो सकते हैं, और जब बाजार अच्छा कर रहे हों, तो आप अभिभूत हो सकते हैंऔर इसी निराश और अभिभूती के कारण कोई भी गलत फैसला लिया जा सकता है। लेकिन अगर कोई

आपका सहायतासमूह है तो वहाँ से आप सब बात साझा कर के एक सही फैसला ले सकते है।

7. **Don't** - कभी भी आँख बंद कर के You-Tube Channel/ Telegram Channel /Ponzi Schemes मे निवेश ना करे।

    Do - सबसे पहले सही जानकारी ले, सही से समझे क्या क्रिप्टो-करेंसी है क्या ब्लॉक चैन है, फिर निवेश करने का फैसला ले।

अध्याय - 19

क्रिप्टोकरेंसी - भविष्य

अभी तक हम ब्लॉकचैन और क्रिप्टोकरेंसी के बारे मे काफी कुछ जान चुके है, इस अध्याय मे क्रिप्टो-करेंसी के भविष्य के बारे मे चर्चा करेंगे। क्यों कि आज तक हमने यही सुना है कि हमेशा भविष्य को देख कर निवेश करो। कंपनी/स्टॉक/क्रिप्टोकरेंसी सबका प्रतिफल भविष्य पर टिका है। तो इस अध्याय मे हम क्रिप्टो-करेंसी के तथ्यों के हिसाब से भविष्य को जानने की कोशिश करेंगे:

वैसे इतना ज्ञानी तो कोई नही, जो भविष्य के बारे मे बता सके लेकिन तथ्यो के साथ भविष्य का अनुमान जरूर लगाया जा सकता है। किसी भी बात के 2 तरह से अनुमान लगाये जा सकते है

1. **Predictable**(अनुमान लगाने योग्य) जैसे अगर मैं आपसे पुछू भारत मे आने वाले समय मे हवाई यात्रा मे बढ़ोतरी की कितनी संभावना है- आप कहोगे इसकी संभावना 90% है।

2. **Unpredictable**(अप्रत्याशित-अनुमान लगाने अयोग्य) अब मैं आपसे पुछू कौनसी कंपनी इसमे (हवाई यात्रा) मार्केट लीडर होगी। आप कहोगे इसकी संभावना लगाना बहुत मुश्किल है।

तो इस अध्याय मे हम कुछ बिन्दुवार चर्चा करेंगे, जिससे आपकों क्रिप्टोकरेंसी के भविष्य का अनुमान लग सके। लेकिन इसके बारे मे 100 % सही जानकारी कोई नही दे सकता, और अगर ऐसा करने का कोई दावा करता है तो वो सिर्फ एक कोरी झूठ है उस पर आपको बिल्कुल भी विश्वाश नही करना चाहिए।

जैसा अभी तक हमने जाना कि आज के समय बड़े बड़े लोग, बैंक, कंपनी, देश सभी क्रिप्टोकरेंसी/ब्लॉकचैन को ले कर सकारात्मक है और धीरे धीरे इसके प्रयोग को बढ़ा रहे है। ब्लॉकचैन के आम जिंदगी में अनेक फायदे हैं और वो पूरी तरह से समाज, गाव, शहर, देश, दुनिया को बदलने की ताकत रखता है जैसे आपने NFT, ICO, DEFI, METAVERSE में इसके बारे में बहुत कुछ समझा है और जैसे-जैसे क्रिप्टोकरेंसी/ब्लॉकचैन और ज्यादा विकसित होगी इसका प्रयोग बढ़ता चला जाएगा। निम्नलिखित बिन्दु क्रिप्टोकरेंसी के उज्जवल भविष्य का शंखनाद करते दिखाई देते हैं:

- **विदेशी मुद्रा ट्रान्सफर** - आपने कभी ना कभी भारत से किसी दूसरे देश मे पैसो का भुगतान या ट्रान्सफर किया होगा। इसके लिए हर बार हमे बहुत सारी कागज कार्यवाही के साथ साथ भुगतान चार्ज भी देने पड़ते है इसके साथ 2-3 दिन पैसो को ट्रान्सफर होने मे लग जाते है लेकिन क्रिप्टोकरेंसी के साथ वाणिज्यिक लेनदेन करना आसान हो जाता है। विशेष रूप से अंतर्राष्ट्रीय भुगतान में, जिसमें क्रिप्टोकरेंसी स्पष्ट रूप से लाभ प्रदान करती है।

- **कंपनी टेस्ला** -स्पेसएक्स के संस्थापक एलन मस्क की कंपनी टेस्ला ने बिटकॉइन में $1.5 बिलियन का निवेश किया है, इस निवेश को आप कंपनी की बैलेन्स सीट में देख सकतेहैं। कंपनी ने भुगतान के रूप में क्रिप्टोकरेंसी को स्वीकार करना शुरू करने की योजना पर कार्यरत है। सर्वज्ञात है कि एलनमस्क तकनीकी दुनिया के एक बेताज बादशाह है और वो क्रिप्टोकरेंसी और ब्लॉकचैन को ले कर बहुत ज्यादा उत्शाहित है। बहुत बार उनकी टिप्पणी से कुछ क्रिप्टोकरेंसी रातो -रात बहुगुणित हो चुकी है। लेकिन अक बात का आपको हमेशा ध्यान रखना चाहिए कि बिना जानकारी लिए कभी भी निवेश ना करे।

Photo Source-https://search.brave.com/search?q=elon%20 musk%20tweet%20about%20crypto%20 currency&spellcheck=0(accessed-01/09/2022)

- **कोइन बेस- कोइन बेस** अमेरिकी शेयर बाज़ार मे सूचीबद्ध एक सार्वजनिक कंपनी है। जो अपना क्रिप्टोकरेंसी एक्सचेंज प्लेटफॉर्म संचालित करती है। यह संयुक्त राज्य अमेरिका

की व्यापार की मात्रा के हिसाब से क्रिप्टोकरेंसी मे सबसे बड़ा एक्सचेंज है। कॉइनबेस एक ऑनलाइन प्लेटफॉर्म है जो व्यापारियों, उपभोक्ताओं और व्यापारियों को डिजिटल मुद्रा के साथ लेनदेन करने की अनुमति देता है। यह अपने उपयोगकर्ताओं को अपने स्वयं के बिटकॉइन वॉलेट बनाने और अपने बैंक खातों से जुड़कर बिटकॉइन खरीदना या बेचना शुरू करने की अनुमति देता है। कॉइनबेस को 2012 में दुनिया के लिए एक खुली वित्तीय प्रणाली बनाने के मिशन के साथ लॉन्च किया गया था। यह सैन फ्रांसिस्को, कैलिफोर्निया से संचालित होता है।कंपनी की स्थापना 2012 में ब्रायन आर्मस्ट्रांग और फ्रेड एहरसम ने की थी। तो आप सोच सकते है की क्रिप्टोकरेंसी मे काम करने वाली कुछ कंपनी शेयर बाज़ार मे भी सूचीबद्ध हो गयी है।

- **AI और रोबोटिक्स**- अभी आप क्रिप्टोकरेंसी के साथ साथ एक चीज़ और सुन रहे होगे वो है AI और रोबोटिक्स यानि मशीनों द्वारा काम को करना, तो जैसे जैसे AI की डिमांड बढ़ती चली जायेगी वैसे वैसे क्रिप्टोकरेंसी भी ज़ोर पकड़ती चली जायेगी। क्योंकि दोनों तकनीक एक दूसरे के साथ मिल कर बहुत ताकतवर बन जाती है।

- **बिटकॉइन निवेश**- निवेशकों ने बिटकॉइन निवेश को लाभ का एक आकर्षक स्रोत पाया है। इसकी कुल संख्या 21 मिलियन है यह पुनर्मूल्यांकन के लिए बड़ी संभावना के साथ इसको एक दुर्लभ संपत्ति बनाता है।

- **ETF**- पहला बिटकॉइन ETF अक्टूबर 2021 में न्यूयॉर्क स्टॉक एक्सचेंज में दर्ज हूँआ है। जो क्रिप्टोकरेंसी निवेश मे एक नए और अधिक पारंपरिक तरीके का प्रतिनिधित्व करता है और पारंपरिक निवेश ब्रोकरेज से सीधे क्रिप्टोकरेंसी पर

खरीदने की अनुमति देता है। **कहने का मतलब है धीरे धीरे क्रिप्टोकरेंसी को ले कर काफी तेजी से विकास होते जा रहे है।**

- **Apple Pay, Google Pay और Samsung Pay** क्रिप्टोकरेंसी के उपयोग और लेनदेन को सुलभ करने पर काम कर रहे है।

- **मास्टरकार्ड** ने संकेत दिया है कि वह अपने भुगतान नेटवर्क पर चुनिंदा क्रिप्टोकरेंसी का समर्थन करना शुरू कर देगा, जबकि PAYPAL(क्या है) पहले से ही अपने उपयोगकर्ताओं को क्रिप्टोकरेंसी खरीदने, बेचने और रखने की अनुमति देता है।

- **Facebook** -सोशल मीडिया की दिग्गज कंपनी फेसबुक अपनी ब्लॉकचेन-आधारित भुगतान प्रणाली और "डायम" (इसे पहले "लिब्रा" कहा जाता था) के नाम से जानी जाने वाली क्रिप्टोकरेंसी पर काम कर रही है। सर्वज्ञात है कि facebook ने अपना नाम META कर दिया है जो क्रिप्टोकरेंसी मे एक अहम कदम माना जा रहा है।

- **आज के समय** बड़े बड़े लोग, बैंक, कंपनी, देश सभी क्रिप्टोकरेंसी/ब्लॉकचैन को ले कर सकारात्मक है और धीरे धीरे इसके प्रयोग को बढ़ा रहे है।

- **दुनिया भर में कानून निर्माता** क्रिप्टोकरेंसी को सुरक्षित बनाने और साइबर अपराधों को कम करने के लिए कानून और दिशानिर्देश स्थापित की भरपूर कोशिश कर रहे हैं। ताकि निवेशकों के लिए एक उचित प्लैटफ़ार्म प्रदान किया जा सके।

- **GUCCI**-अभी हाल ही मे GUCCI ने क्रिप्टोकरेंसी को पेमेंट के रूप मे लेना स्वीकार कर दिया है।

Photo Source = https://timesofindia.indiatimes.com/world/rest-of-world/gucci-becomes-first-major-brand-to-accept-crypto-coin-as-payment/articleshow/93463579.cms(Accessed-02/09/2022)

- आज के समय क्रिप्टोकरेंसी मार्केट का मार्केट्केप लगभग US $ 928,999,901,553.83 है। सोचने वाली बात है कि पिछले

10 साल मे क्रिप्टोकरेंसी मार्केट शुरू हो कर यहाँ पर तक पहुँच गया हैऔर हर साल ये बहुत तेजी से बढ़ता जा रहा है।

Photo Source: https://coinmarketcap.com/charts/ accessed on Dt. 25/10/2022

अभी हाल ही में क्रिप्टोकरेंसी मार्केट फिर से बहुत ज्यादा डाउन है बहुत से लोग जो क्रिप्टोकरेंसी मे निवेश नहीं करते थे या जिन्होने कभी इसकों जुआ समझा था वो इस समय क्रिप्टोकरेंसी मे निवेश करने वाले लोगों को बोल रहे है "देखा मै तो शुरू से ही बोल रहा था कि इसका कोई भविष्य नहीं है , इस से जितना हो सके दूर रहो "तो यहाँ पर हमे 1-2 बाते समझनी होगी।

1. ऐसा नही है कि बड़े बड़े डाउन -फॉल सिर्फ क्रिप्टोकरेंसी मार्केट मे ही आते है, ऐसा स्टॉक मार्केट मे भी बहुत बार हुआ है। अगर आप गूगल करोगे तो पूरी जानकारी आपको मिल जाएगी। भारतीय स्टॉक मार्केट 1982 , 1992, 2007,2016, 2020, मे डाउन गया है।

2. दूसरा समझने वाली बात ये है कि क्रिप्टोकरेंसी मार्केट डाउन क्यों गया है, क्या पहले भी ऐसा हुआ है?, अगर हुआ है तो क्या मार्केट ने वापिस रिकवरी की है? 2009 से अभी तक क्रिप्टोकरेंसी मार्केट बहुत बार क्रेश (डाउन) गया है, लेकिन हर बार इसने रिकवरी की है। चलो एक नजर अभी तक के प्रमुख क्रिप्टोकरेंसी क्रेश पर नजर डालते है।

- सबसे पहले 2011 में बिटकॉइन $ 32 से $ 0.01 तक चला गया था।

- 2015 में बिटकॉइन $ 1,000 से $ 200 से तक चला गया था।

- दिसंबर 2017 में बिटकॉइन $20,000 से $ 3,200 तक चला गया था।

- 2021 में बिटकॉइन $ 63,000 से $ 29,000 तक चला गया था।

उतार चढाव मार्केट का एक अभिन्न हिस्सा है जो हमेशा चलता रहेगा। तो जैसा हमने पहले बताया है कि हमेशा पहले सीखे, समझे, फिर अपने निवेश का फैसला ले। दूसरा सही समय पर सही क्रिप्टोकरेंसी मे निवेश करना ही सफलता की कुंजी है।

तो कहने की बात यह ही कि आज तक जब भी कोई नयी तकनीक आई है तो इसका शुरू में विरोध किया गया है लेकिन जब वो मानवजाति के कल्याण में प्रवृत और समर्थ होने लगती है तो उसकी सामाजिक उपयोगिता बढ़ने लगती है। आपने कम्प्युटर के बारे में ये सुना होगा कि ये मशीन बेरोजगारी को बढ़ा देगी, इसकी कीमत बहुत ज्यादा है, लेकिन आज ये सारे तर्क गलत साबित होते हैं क्योंकि आज के मशीनीकृत दौर में ऐसी कोई जगह नहीं जहां पर कम्प्युटर का अस्तित्व ना हो। वैसा ही कुछ भविष्य है क्रिप्टोकरेंसी

/ब्लॉकचैन का। कम्प्युटर और इंटरनेट 20 वीं सदी के सबसे महान आविष्कार है उसी तरह ब्लॉकचेन और क्रिप्टोकरेंसी 21 वीं शताब्दी के शुरुआती दो दशकों के सबसे शक्तिशाली आविष्कार है जिनमे पूरी दुनिया की काया पलट करने की ताकत है। यद्यपि अभी क्रिप्टो-करेंसी के कुछ नकारात्मक पक्ष है लेकिन मानवता पर ब्लॉकचेन प्रौद्योगिकी के बहुत सारे लाभ हैं। इसलिए इसका औचित्य समझ लेना अति आवश्यक है।

अनिश्चितता और परिवर्तन इस ब्रह्माण्ड में सबसे स्थिर चीजें हैं, वैसे ही क्रिप्टोकरेंसी भी आने वाले समय की अपार संभावनाओ के साथ एक सकारात्मक बदलाव की ओर इशारा करती है जो कि आगामी भविष्य की कई कठिनाइयों के विपरीत अनगिनत अवसरों के साथ नई आर्थिक व्यवस्था का प्रतीक है। जैसा की मैंने प्रारम्भ में कहा कि दूरदृष्टि के साथ-साथ आपका ज्ञान, क्रिप्टो में आने वाले उतार-चढ़ावों का सामना कर अर्जित लाभ आपके सामर्थ्य और क्षमता को भी परिभाषित करेगा।

मुझे आशा है कि आप लोगों की इस पुस्तक को पढ़कर ब्लॉकचैन और क्रिप्टोकरेंसी टोकन के बारे में जानकारी में आशान्वित वृद्धि होगी। इस पुस्तक को लिखने का मेरा इरादा किसी को यह बताने का नहीं है कि क्रिप्टोकरेंसी का निवेश करके अमीर कैसे बनें, बल्कि मेरा उद्देश्य यह है, कि पाठक ब्लॉकचैन के वास्तविक मूल्य और निवेश की अवधारणा, प्रक्रिया, लाभ को समझे सके।

यदपि अभी क्रिप्टोकरेंसी कुछ नकारात्मक पक्ष है, लेकिन मानवता पर ब्लॉकचैन प्रौद्योगिकी के बहुत सारे लाभ हैं तो आपकों इसकी उचित समझ होनी चाहिए ताकि हम सही से इसके फायदे नुकसान को समझ सकें। **ये किताब पूरी तरह से क्रिप्टोकरेंसी और ब्लॉकचैन के बारे में आपके ज्ञानवर्धन हेतु है, न कि क्रिप्टोकरेंसी में निवेश को**

प्रोत्शाहित करने के लिए। सबसे पहले विषय को सही से समझे जाने फिर स्वविवेक से सही फैसला ले।

तो दोस्तों बस इतना ही।

मैं एक पेशेवर लेखक नहीं हूँ। लेकिन जैसा मैंने आपको शुरू मे बताया कि क्रिप्टोकरेंसी पर हिन्दी मे कोई सही किताब नही मिल पाने के कारण मैंने ये किताब लिखी। आशा है कि इसे पढ़कर आप अपने जीवन में कुछ लाभ जरूर प्राप्त करेंगे।

आप अपने विचार हमें निम्न ईमेल पर भेज सकते है।

Email- camsandeepbura@gmail.com

तो, सुरक्षित रहें - सीखते रहें - सिखाते रहे - खुश रहे और निवेश करें।

धन्यवाद।

शब्दावली

1. **कॉइन बर्निंग** - कॉइन बर्निंग - एक ऐसा तरीका है जिसका उपयोग सिक्कों को प्रचलन से हटाने के लिए किया जाता है, जिससे कुल आपूर्ति स्थायी रूप से कम हो जाती है। कई क्रिप्टोकरेंसी परियोजनाएं अपस्फीति (यानि कुल संख्या को कम करना) प्रभाव पैदा करने के लिए समय-समय पर सिक्का बर्निंग करती हैं। जैसे -BNB, जो लंबी अवधि में इसकी कुल आपूर्ति को 50% तक कम कर देगा शुरू मे BNB की कुल आपूर्ति 20 करोड़ थी जो अभी 16.8 करोड़ रह गयी है। कॉइन बर्निंग के तहत ये आने वाले समय मे 10 करोड़ हो जाएगी।

2. **स्मार्ट अनुबंध** - यह स्मार्ट कॉन्ट्रैक्ट कुछ और नहीं बल्कि कंप्यूटर कोड हैं जो ब्लॉकचैन नेटवर्क पर लिखे गए हैं। लेकिन ये कोड अन्य पारंपरिक कंप्यूटर कोड से थोड़े अलग हैं। इन कोड्स मे ब्लॉकचैन स्मार्ट कॉन्ट्रैक्ट्स को विकसित करने के लिए एक विशेष प्रकार की प्रोग्रामिंग भाषा का उपयोग करता है जिसको सॉलिडिटी के रूप में जाना जाता है। स्मार्ट कॉन्ट्रैक्ट मे जब भी दी गयी कंडिशन्स पूरी हो जाती है ये अपने आप रन हो जाते है यानि एक ऐसा कॉन्ट्रैक्ट जो स्मार्ट तरीके से रन हो जाता है। इसको विकसित करने वाले डेवलपर्स को सॉलिडिटी स्मार्ट कॉन्ट्रैक्ट डेवलपर्स के रूप में जाना जाता है। जैसे-जैसे स्मार्ट कॉन्ट्रैक्ट्स का उपयोग दिन-ब-दिन बढ़ रहा है, स्मार्ट कॉन्ट्रैक्ट डेवलपर्स की मांग भी बढ़ रही है।

3. **Web 2 & Web 3** - Web 2.0 इंटरनेट का वर्तमान संस्करण है जिससे हम सभी परिचित हैं, जबकि Web 3.0 इसके अगले चरण का प्रतिनिधित्व करता है। स्मार्टफोन, मोबाइल इंटरनेट एक्सेस और सोशल नेटवर्क जैसे नवाचारों ने Web 2.0 की घातीय वृद्धि को प्रेरित किया है। Web 3.0 की परिभाषित विशेषताओं में विकेंद्रीकरण, आर्टिफिशियल इंटेलिजेंस और मशीन लर्निंग, कनेक्टिविटी सर्वव्यापकता शामिल है।

4. **क्रिप्टोकरेंसी सार्वजनिक बही खाता** - जैसा इसका नाम है यह एक सार्वजनिक बहीखाता है जिसको सदियों पुरानी रिकॉर्ड- रख रखाव रखने के लिए उपयोग किया जाता था, जैसे कि कृषि, वस्तु की कीमतें, समाचार और विश्लेषण। सार्वजनिक खाता बही आम जनता के देखने के साथ-साथ सत्यापन के लिए भी उपलब्ध होता था। जैसे ही क्रिप्टोकरेंसी - आधारित ब्लॉकचैन सिस्टम उभरे, जो की एक समान रिकॉर्ड-कीपिंग और सार्वजनिक सत्यापन तंत्र पर निर्भर करते हैं, सार्वजनिक खाता बही के उपयोग ने क्रिप्टोकरेंसी की दुनिया में लोकप्रियता हासिल की है। यह, आलेख क्रिप्टोकरेंसी सार्वजनिक लेजर, वे कैसे काम करते हैं, और उनके सामने आने वाली चुनौतियों की पड़ताल करता है।

5. **स्वेत पत्र** - यह किसी भी क्रिप्टोकरेंसी का सबसे मूल दस्तावेज़ है जिसमे उस क्रिप्टोकरेंसी/ब्लॉकचैन से संबन्धित सारी जानकारी होती है। एक हिसाब से आप इसको कंपनी की प्रोफ़ाइल की तरह मान सकते है। जब भी आप किसी भी क्रिप्टोकरेंसी मे निवेश करने का सोचे तो एक बार इसकी जरूर जाँच करे, कई बार इसमे तकनीकी जानकरी ज्यादा होने के कारण ये रीटेल निवेशक के समझ से परे हो जाता है लेकिन एक बार इसको देखना जरूर चाहिए। ये आपको coinmarkcap साइट पर हर टोकन की डिटेल्स मे मिल जाएगी।

6. **पोंजी योजना** - पिछले कई वर्षों में क्रिप्टोकरेंसी ने बहुत अच्छा रिटर्न अपने निवेशको को दिया है तो बहुत से लोग यहा पर रातो रात अमीर होने के लिए आते है और ऐसी योजनाओ मे फस जाते है। आम तौर पर एक पोंजी योजना विस्तृत निवेश घोटाला योजना होती है जिसमे निवेशकों को एक गैर-मौजूद उद्यम के पीछे से उच्च और त्वरित रिटर्न दर उत्पन्न करने के वादे के साथ आकर्षित करने के लिए डिज़ाइन किया जाता है। रीटेल निवेशक जल्दी पैसे बनाने के चक्कर मे ऐसी योजनाओं मे अपने पैसे निवेश कर देता है। शुरू मे ये अच्छा रिटर्न देखाते है फिर जैसे ही इनमे निवेश की राशि आधिक हो जाती है ये रातो रात बाज़ार से गायब हो जाते है।

7. **Stable coin** - वे क्रिप्टोकरेंसी हैं जिनका मूल्य किसी अन्य मुद्रा, वस्तु या वित्तीय साधन के मूल्य से आंका या बंधा होता है। इनका मूल्य फिएट करेंसी, अमेरिकी डॉलर, सोना आदि से जुड़ा होता है। Stable coins का उद्देश्य बिटकॉइन (BTC) सहित अन्य क्रिप्टोकरेंसी की उच्च अस्थिरता मे एक स्थिरता का विकल्प प्रदान करना है। जैसे USDT Tether।

8. **Mame coin** - मेमे सिक्के एक प्रकार की क्रिप्टोकरेंसी हैं जो दिलचस्प, या मजाकिया विचारों से प्रेरित है। डॉगकोइन और शीबा इनु दो सबसे लोकप्रिय और प्रसिद्ध मेमे कोइन के उदाहरण हैं। संक्षेप में, मेमे सिक्के मेम और इंटरनेट चुटकुलों से प्रेरित क्रिप्टोकरेंसी हैं। उदाहरण के लिए, डॉगकोइन, शीबा इनु वायरल तस्वीर से बनाए गए मेम डॉग से प्रेरित था। इन क्रिप्टोकरेंसी को अक्सर गंभीरता से नहीं लिया जाता है, लेकिन कुछ मेमे ऐसे है जिन्होंने अप्रत्याशित रिटर्न अपने निवेशकों के दिया है।

संदर्भ

Danial Kiana. Cryptocurrency Investing for Dummies. Hoboken, NJ: John Wiley & Sons, 2019.

Nandi Sayan.Values behind Blockchain: An Easy-to Understand Practical Guide for Fundamental Analysis on cryptocurrency. 2022.

All QR Code Genetared by- https://app.qr-code-generator.com/manage/?aftercreate=1&count=13

https://coinmarketcap.com/

https://www.coingecko.com/

https://coinmarketcap.com/alexandria

https://academy.binance.com/en

भले ओखी/नाराज हो Crowd/Boss/Relative तेरे ते

बोल दी है बिना बात Loud तेरे ते,

एक गल/बात मेरी याद रखिया,

बापू तेरा बहुत है Proud तेरे ते। (सिद्धू मूसेवाला 1993- Infinite)

(जब कभी आप हतास/नाराज/दुखी हो या फिर कोई आपकी मेहनत को देख कर हस्सी उड़ाए तो ये ऊपर कही पंक्ति जरूर याद रखना, जो वापिस आप मे वही अंतहीन जोश भर देगी)